a r s i n c o g n i t a

「領土」としてのメディア

――ディアスポラの母国メディア利用――

李光鎬
E Gwangho

JN167742

慶應義塾大学三田哲学会叢書

目次

はじめに

本書の内容は、人々のメディア利用行動とその行動の動機や影響に関するものである。ただ、そのメディア利用行動の主体として関心を向ける対象が、「ディアスポラ」(diaspora)という人々であることに特徴がある。「子ども」のメディア利用行動、「大学生」のメディア利用行動というふうに、ある特定の社会的カテゴリーに焦点を当て、その集団におけるメディア利用行動を調べたり、分析したりすることがあるが、この本はそれと同じように「ディアスポラ」のメディア利用行動を分析対象として設定しているのである。

ディアスポラは元々「離散したユダヤ人」を指す言葉であったが、最近は、「母国を離れて暮らす人々」という程度の非常に広い意味で使われるようになった。本書でも、そのような意味で用いている。具体的には、主に海外の移住先において永住権や市民権を取得した移民の人々を指すが、留学ビザや商用ビザなどで比較的長期にわたって滞在している人々も含まれる。

そういう意味では、筆者もディアスポラの一人である。今から二六年前に、生まれ育った韓国を離れ来日し、それ以来ずっと日本に住み続けているからである。来日した平成元年は、インターネットがまだ一般に普及しておらず、衛星放送が始まったばかりの年であったから、今とはメディア環境が大きく異なっていた。スマートフォンどころか、携帯電話もなかった時代であり、国際電話の料金は非常に高かく、したがって韓国にいる家族とは月一回電話で話せば多いほうで、友人とは手紙のやり取りが中心だった。韓国の新聞は大学の図書館に行けば読むことができたが（もちろんお金を払えば講読することもできた）、韓国のテレビ放送を見るなんてことは想像もしていなかった。母国は地理的にはそれほど遠くなかったが、情報的には遠いところにあったのである。

しばらくして、新宿にある韓国料理の食堂で、韓国のドラマなどを録画したビデオテープをレンタルしていることを知った。そして私が住んでいた街にも、そのようなビデオレンタルショップができたのである。その店で韓国のドラマを録画したビデオを借りて、妻と二人、何年かぶりに韓国のテレビドラマを見た日の感慨を忘れることができない。嬉しさと懐かしさ、安楽感、馴染み深さ、しかし以前とはどこか違うという違和感などなど、様々な感情を抱きながらほぼ徹夜で見続けた。「ディアスポラにとって、母国のメディアとはどういうものなのか」。本書のテーマとなったこの問いは、あの日のことが原体験となって導かれたものなのかもしれない。

その後九〇年代の中盤あたりからインターネットが普及し始めると、メディア環境に大きな変化が起きた。新聞各紙はホームページを開設し、無料でニュースが読めるようにした。初めの頃は回線のスピードが遅く、長時間の利用には電話料金がかさんだため、決まったホームページを回り、ページの内容をすべてダウンロードしてから、回線を切ってオフラインで閲覧できるようにする「巡回ソフト」なるものが流行った時期もあった。回線のスピードが上がり、情報の処理容量や処理能力が向上するにつれ、音声のやり取りができるようになり、ついに映像を流すことも可能となった。それに伴い、インターネットが、ラジオ放送やテレビ放送の新たなチャンネルとして使われるようになったのはいうまでもない。境界づけられたある一定の地域（多くの場合それは国という単位であるが）において読まれ、聴かれ、見られることの多かったマスメディアは、その境界を超えて、インターネットがつながるところであればどこででも——少なくとも技術的には——利用できるようになったのである。

マスメディアだけではない。電話や手紙のようなパーソナルメディアもインターネットに代替されて久しい。今や電話自体をあまりかけなくなるまでに、例えば日本ではＬｉｎｅに代表されるテキストチャットソフトが、パーソナルメディアの中心的手段になった。文字、音声、写真、映像のすべてをやり取りでき、インターネットが繋がるところであれば、世界中のどこからでもリアルタイムで相手と連絡を取ることができる。カカオトーク、Ｖｉｖｅｒなど具体的なアプリは異なるが、対人間のコミュニケーション手段に大きな変化が起きているのは他の国でも同じである。そしてフェースブックやツイッターといったソーシャルメディアも、空間的な距離に関係なく、対人間の交流を回復し、維持し、拡大することを可能にしている。

このように、距離、時間、境界による制限を克服させてくれる新しいメディア環境の達成によって、最も大きな恩恵を受けることになった人々は、それこそ境界を超え、遠く離れたところに住む場所を変えた人々、すなわち自分の国を離れ外国に移住したディアスポラなのかもしれない。

高いコストをかけられなくても、母国に残してきた家族や親戚、友人、知人といつでも連絡が取れ、自分の国で起きていることをニュースを通じて日常的に確認でき、さらには自分の国のラジオやテレビ番組を楽しむことができるのだから。

メディア・コミュニケーション技術の発達および普及がもたらしたこのような現象に対して、Appadurai（1996）は、著書『さまよえる近代――グローバル化の文化研究』（*Modernity at Large*）の中で、次のようにその現象の新しさと文化的含意について述べている。

……大量移民（自発的なものも強制されたものも）は何も人間の歴史において新しい現象ではない。しかしそれがマスメディアによるイメージ、スクリプト、感覚の迅速な流通と合わさるとき、我々は現代的な主体性の生産における不安定さの新しい秩序を有することになるのである。（p. 4）

彼は、ドイツに移住したトルコ人労働者はトルコの映画を観、アメリカに住む韓国人は韓国から送られてくる衛星放送を視聴し、シカゴでタクシーの運転手をしているパキスタン人のドライバーはパキスタンやイランで録音された説教のカセットを聴いているという事例を挙げた後、脱領土化された視聴者と国境を超えて流通するイメージが、「ディアスポラ公共圏」を作り上げていると指摘する。そしてこのような現象は、社会変動の主要な決定者として国民国家の重要性に依存してきたこれまでの理論を混乱させていると主張するのである。

次章で詳しく紹介するように、このような新しいメディア利用行動の文化的、社会的、政治的意味に注目した多くの研究者が、様々な国や地域に移住したディアスポラの人々を対象に、母国語メディアや母国メディアの利用を調べ、かなりの研究事例が蓄積されてきている。本書もそのような事例の蓄積に貢献することをまずは意図して行った調査の内容をまとめたものである。

本書は、著者がカナダのブリティッシュ・コロンビア（British Columbia）州のバンクーバー（Vancouver）およびその隣接市、そしてクランブルック（Cranbrook）市で行った、韓国系ディアスポラと日系ディアスポラのインタビュー調査を元に書かれたものである。これまで韓国系ディアスポラの韓国メディア利用に関する研究はかなり行われているのに対し、日系ディアスポラの日本メディア利用についてはあまり研究がなされていない。また、移住先におけるディアスポラの日々の生活という文脈の中で、そして、後にした場所への未練やノスタルジー、新しい場所での生活に対する希望や挫折、誓いや展望といったディアスポラ特有の社会心理的経験との関係において、母国メディアの利用がどのような意味を持ち、どのような役割を果たしているのかに目配りした研究はいまだ必要とされている。

第2章と第3章にまとめたインタビュー調査において、筆者が最初に考えていた枠組みは、メディアの「利用と影響」（uses and effects）というものであった。人々がなぜある特定のメディア（・コンテンツ）を利用し、その利用からどのような影響を受けているのかに目を向けるパースペクティブである。したがって、本調査はディアスポラの人々がどのような動機、欲求、必要、目的などに基づいて母国のメディアを利用するのか、そして母国メディアを利用することによって、ディアスポラとしての日常やアイデンティティ、ホスト社会や母国との関係にどのような影響が現れるのかという点に主眼をおいて行われたものである。第2章と第3章は基本的にこのような枠組みに基づいてまとめられている。

この本の題目にも反映されているように、インタビュー調査を通して筆者が到達した一つの暫定的結論は、メディアが、シンボリックな意味で、一つの「場所」のように機能しているというものであった。いま居住している場所ではない、どこか別のところを現前させ、臨時的に、そして想像的にその場所へ連れて行くような存在として、メディアは作用しているように思われたのである。そこで第4章では、場所とメディアの関係、メディアが地理的場所に対して持つ意味や与える作用、そしてそれがディアスポラの文脈に適用された際、どのような問題が新たな研究の課題となり得るかを記しておこうとした。特に母国メディアが、ディアスポラに対してどのような場所感覚を与え、異郷での日常生活にどう関わるかを考えていこうとしたのである。

第1章　母国メディアの利用動機と影響

　ここではまず、本書のテーマである「ディアスポラの母国メディア利用」についてこれまでに行われた先行研究をいくつか見ておくことにしたい。Yin（2013）も指摘しているように、ディアスポラとの関連では、移住したホスト社会において、主に移民者たちによって制作されることの多かったエスニックメディアの利用に研究者の関心が集まり、母国メディアの利用に関する研究は相対的に少ない。

　また、エスニックメディアに関する研究は、どちらかと言えば、ディアスポラのホスト社会への「適応」に関心が向いていて、ディアスポラの文化や生活、アイデンティティを、ホスト社会のメインストリームに合わせ、変えていくべきものとして捉える傾向があり、そういう点では主流社会の「管理者的視点」を内包していることが多かったように思われる。ディアスポラやエスニック・マイノリティを「同化」させるべき対象ではなく、差異をもった「共生」のパートナーとして捉える視点、さらにはディアスポラ自身の目線から、新しい移住先でどのように安楽感を取り戻し、平穏な日常を築いていけるのか、またその過程において、ホスト社会の主流メディア、エスニックメディア、そして母国メディアが、それぞれどのように利用され、どのような役割を果たしていくのかを検討することが必要とされており、そのような視点からの研究も着実に増えてきている。

それではまず、ディアスポラの人々がなぜ母国メディアを利用するのかを調べた研究をいくつか見てみよう。アメリカにおける中国人ディアスポラのエスニックメディアおよび母国メディアの利用についてインタビューを行ったShi（2005）は、中国系ディアスポラの人々がこれらのメディアを利用する主な動機が「時間つぶし」であることを明らかにしている。実用的な理由というよりは、消極的で快楽的なことが主要な動機となっていたのである。しかし、もちろんそれだけではなく、その他にも、母国にいる人々との交流や、帰国に備えての準備のために中国語メディアを利用していること、さらには中国の事情に詳しくなることで、アメリカの労働市場における自身の競争力を向上させるためにこれらのメディアを利用していることなど、様々な動機がディアスポラの人々を母国メディアの利用へ向かわせていることが見出されている。

上海と東京に居住している中国朝鮮族の人々が、主に韓国のテレビ放送を視聴する動機についてインタビュー調査を行ったLee and Lee（2014）は、インタビュー参加者のほとんどが、中国や日本のテレビ放送にあまり接触せず、韓国のテレビ番組の視聴にかなり偏っていること、そして韓国のテレビ番組の強い娯楽性がその利用の主な動機になっていることを指摘している。朝鮮族の人々が、韓国社会の中で度々差別に会い、韓国メディアそのものによって否定的にステレオタイプ化されている現状を知りつつも、それでもなお韓国メディアの娯楽性に惹かれていることを、彼らの研究は浮き彫りにしているのである。また、対面とオンラインでのインタビューを併用し、東京在住の朝鮮族ディアスポラのメディア利用を調べたLee and Lee（2015）の研究でも、中国で生まれ、日本に住んでいる朝鮮族の人々が、中国や日本のテレビ番組ではなく、韓国のドラマやバラエティ番組に主に接触していること、そして強い快楽的な動機がその利用の背後にあることが確認されている。

ヤン（2000）は、アメリカ人と国際結婚し、アメリかに住む一人の韓国人女性Mのメディア利用行動を五ヶ月間にわたって参与観察し、彼女が韓国メディアの利用を通じて何を得ようとしているかについて考察しているが、その中で、ヤン（2000）は、Mが韓国のニュースを見ながら韓国の否定的な側面を一貫して見つけ出していることに注目し、アメリカ人と結婚し、アメリカに暮らすことにした自身の選択を絶えず正当化することが、Mの韓国ニュース視聴の重要な動機になっていることを見出している。観察事例は少ないが、母国に対するディアスポラのアンビバレントな関係性を捉えた、非常に興味深い発見であるといえよう。

家族という文脈に注目した研究からは、母国メディアの利用をめぐって祖父母や親世代と子ども世代との間で起こる、世代間の様々な相互作用が報告されている。ニューヨークとロンドンに暮らすギリシャ系キプロス人ディアスポラの家族を参与観察したGeorgiou（2006）は、十代の子どもたちが、親の日常的かつ長時間にわたる母国メディア利用のせいで、ギリシャのテレビやラジオ番組に非自発的に接触していることを指摘している。さらには、それによる子どもの家庭内社会化、エスニック資源の伝承など、子どもに対する親の教育的動機と、家族の団欒維持に最小限は協力しようとする子どもたちの努力とが、ギリシャテレビの「家族視聴」を支えていること、しかし、その結果として子どもたちも母国ギリシャのテレビやラジオ番組、大衆歌謡曲などを知らず知らず好きになっていくことなどを報告しているのである。

Elias and Lemish（2011）は、イスラエルとドイツに移住したロシア系移民のメディア利用を、内的統合（inward integration）と外的統合（outward integration）との関連で調べている。内的統合は、家庭内における母語や母文化の世代間伝承および家族の紐帯維持のことであり、外的統合は、ホスト社会の言語や文化へ適応していくことを意味する。彼らの調査からは、移民世帯の親たちが、ロシア語の習得および維持のために、子どもたちをロシアのテレビ番組や書籍などへ接触させている一方で、子どもたちは、ロシア製のメディア・コンテンツにあまり興味を持てず、親たちのそういった試みに抵抗するため、三分の二の世帯で、結局諦めてしまっているという状況などが明らかにされている。

以上、ディアスポラの人々が母国メディアを利用する動機に関する研究をいくつか見てみたが、時間つぶしや娯楽、母国に関する情報の実用的、社会的必要性から、ディアスポラとして生きていく上での承認や戦略にかかわるものまで、そして家族の団欒を維持し、母語や母国文化を子どもたちに残そうとする家族や民族としての必要にいたるまで、多様な利用動機が存在していることが分かる。

ディアスポラの母国メディア利用と関連して注目されてきた最も大きな問題は、それがディアスポラの人々を「母国に連れて行くのか?」ということであろう。この問題に関連して、ヨーロッパにおけるトルコ系ディアスポラの母国テレビ視聴を調べたAksoy and Robins (2000) は、特にドイツにおいて展開されている、母国メディア接触に対する批判、すなわち、トルコ系移民がトルコのテレビを視聴することによって、ドイツの市民社会から断絶し、「文化的ゲットー化」が進み、イスラム原理主義や民族文化間の対立が激しくなるという主張の妥当性を問題にしている。ドイツでは、保守陣営だけでなく、リベラル陣営からも、マイノリティのドイツ文化への非統合を懸念する言説が発せられていると彼らは指摘する。

彼らによれば、トルコの国営放送であるTRTは、国策の一環として、トルコ人の「想像の共同体」を全地球的規模で繋ぎ、国家公認の「トルコ性」をトルコ系ディアスポラの眼前に投影することを目標に、トルコ文化のトランスナショナル化を進めてきた。しかし、ヨーロッパのトルコ系ディアスポラは当時、既にトルコの民放チャンネルを二五個も視聴できる状況にあったのであり、民放が視聴できるようになるやいなや、国営放送に対する人気は急速に衰えたという。さらに、これらの民放が放送している番組は、往年のトルコにおいてはタブー視され、検閲の対象となるような内容を含むもので、いわゆる「伝統的なトルコ性」とは著しく異なるものであった。つまり、トルコ・メディアは、ヨーロッパのホスト社会の住人たちが懸念しているように、トルコ系ディアスポラを「母国に連れて行く」ような類いのものではなかったと彼らは結論づけている。

しかし一方で、オランダに居住するトルコ系ディアスポラのメディア利用を調べたOgan（2001）は、衛星放送で受信できるトルコの民放チャンネルの番組がケーブルで受信できる公共放送TRTの番組とは異なるものであったとしても、オランダのメディアを利用せず、もっぱらトルコの民放を視聴するということは、トルコによる現実定義とトルコの文化的アイデンティティを受け入れることを意味し、それによってオランダ文化への同一視は弱まるしかないと見る。ただ、このような現象に対してOgan（2001）は、そもそもオランダに移住したトルコ人は、トルコにおいても経済的に周辺化されていた人々で、トルコのいわゆる「ハイカルチャー」や公共問題にそれほど関心が高かった層ではないため、「オーソドックスなトルコ」を教育しようとする公共放送TRTの試みはあまり効果がなかったはずだとも指摘する。そして彼女は、物価の高いオランダ社会で、「娯楽」の機会にあまり恵まれないトルコ系ディアスポラの人々が、ただ衛星放送アンテナを取り付けるだけで、より親しみのある文化的文脈とより理解しやすい言語で、家族みんなが楽しめる娯楽を手に入れられるということは、彼らにとっては一種の「解放」としての意味を持つものだという視点も紹介しているのである。

Sanakaran and Pillai（2011）は、シンガポールやマレーシアに移住したタミル人ディアスポラが、タミル語メロドラマの視聴によって受けている変化を調べている。彼らによれば、タミル人ディアスポラは、タミル語メロドラマの視聴を通じて、日常的に母国インドの生活と規範に接触しているが、それは同時に、「ホスト社会の国家的全体性への親和性を想起させる空間をも作り出している」(p. 287)という。また、母語メディア・コンテンツへの接触によって、母国の可視性や接近性は高まっていても、「神聖な母国」としての、また文化的始祖の拠点としてのその地位は変化しており、様々な形で、母国との古い絆は弱まっている可能性があると彼らは指摘している。

母国メディアの利用が、必ずしもエスニック・アイデンティティを強化したり、母国への文化的回帰をもたらすものではないという主張とは違って、先ほど紹介したGeorgiou(2006)の参与観察からは、常にギリシャのテレビ番組を視聴する祖父母とイギリスのメロドラマを見たがる孫との間でチャンネル権をめぐる交渉や妥協が行われ、その過程で孫たちはギリシャの言葉を習得していき、祖父母はイギリスの文化コードを理解できるようになっていくこと、そしてこのような相互作用を通じて、ディアスポラのハイブリッドなアイデンティティや文化が形成されていく可能性が示唆されている。

韓国系アメリカ移民の子ども二九五名に対する質問紙調査を行ったバク(2008)の計量的な分析からは、韓国人としてのアイデンティティを従属変数とする回帰分析の結果、韓国メディアの利用度合が有意な独立変数であったことが明らかにされている。一方、同時に投入された、父母の韓国人アイデンティティ強調度合は有意な独立変数ではなかったのである。因果関係は確定できないが、韓国メディアを利用すればするほど、韓国人としてのアイデンティティも強いことを示す結果である。

Yin(2013)も同じ方向での主張を展開している。ニュージーランドの中国系移民を事例として、母国のオンラインメディア利用が中国系ディアスポラとしてのアイデンティティにどのような影響を与えているのかという課題について、インタビューとオンラインメディアのテクスト分析を行なっているYinは、ホスト社会における中国系オンラインメディアと違い、中国に本拠を置くオンラインメディアは、海外にいる中国系移民を「中国ネーション」の一部として包摂する言説を用い、「真正な中国文化」を参照し利用できる「貯水池」として機能することで、移民の人々に中国人としてのアイデンティティを強化していると結論づけているのである。

Moores and Metykova（2009）も、東ヨーロッパからロンドンに移住した人々が、インターネットを媒介に「母国」と繋がっていることをインタビューから確認している。休み時間に故郷の様々な建物の写真がアップロードされるウェブサイトを覗くポーランド人男性、コーヒーブレイクの間にドナウ川の画像を眺めるスロバキア人男性、母国のニュースをチェックするハンガリー人女性など、エスニックな背景も使用するメディア・コンテンツも多様である。彼らの研究は、人々が新しい場所で安楽感（at-homeness）を得、自分の居場所を作っていくこと（place-making）に関心があり、必ずしもディアスポラの母国メディア利用が主眼ではない。だが、日常的に繰り返される母国メディアの利用、母国と関連したメディア・コンテンツへの接触、そして母国にいる家族や友人とのコミュニケーションが、移住先における生活に安楽感をもたらし、居場所を作り上げる上で大きな役割を果たしているということは、ディアスポラの母国メディア利用の動機や影響を考える上で重要な視点の一つになりうるものである。

Moores and Metykova（2010）のもう一つの報告では、リトゥアニアからロンドンに来たある女性が、同じくリトゥアニアを離れ海外に暮らしている何人かの友達と電子メールで連絡を取り合い、写真を共有するエピソードを引き合いに出し、この事象に対して、リトゥアニアの外にいながら「ビルニュス（リトゥアニアの首都）に集まる」こと、という意味を与えている。後述するように、Moores は現象学的地理学の知見を踏まえ、メディアを一つの「場所」として捉えようとしているが、ディアスポラのこのようなメディア利用を、故郷という記憶の場所への「想像的な集合」として解釈している点は非常に興味深い。このような視点は、次章以降で述べる筆者自身のインタビュー調査から得られた結論、すなわちディアスポラにとって母国メディアは、移住先にまで拡張した母国の「領土」のように作用しているという見方とも親和性が高い。エスニック・アイデンティティやナショナル・アイデンティティという個人の排他的所属意識の希釈や強化だけを軸に評価されることの多かったディアスポラの母国メディア利用研究に、「場所」という地理的、空間的広がりを持ち込み新しい分析や解釈の可能性をもたらすものとして今後注目すべきであろう。

第2章　韓国系ディアスポラの韓国メディア利用

1　聞き取り調査の概要

ここでは、筆者がカナダのバンクーバーに一年間滞在しながら行った韓国系ディアスポラの韓国メディア利用についての聞き取り調査の内容について述べる。母国メディアの利用行動を把握し、それを個人特性から説明し、一般化していくためには、サーベイによる量的調査がより適しているかも知れないが、今回の調査では、これまでに明らかにされていない母国メディア利用の様々な動機や影響を探ってみたいということと、それらについて、ディアスポラの人々が、具体的にどのような言葉を用いて、表現し、説明し、意味づけし、自身の内面を吐露するのかに重点をおいていたため、いくつか大まかな質問だけを事前に確定し、対話の流れに応じて質問内容を変えていく半構造化インタビュー法を用いた。

インタビューは、二〇一五年八月末から十月下旬までの一ヶ月半にかけて、カナダのブリティッシュコロンビア州のバンクーバー（Vancouver）、サリー（Surrey）、ラングリー（Langley）、クランブルック（Cranbrook）で行った。

バンクーバーでは、サイモン・フレーザー（Simon Fraser）大学のダウンタウン・キャンパスにある研究室を利用できたが、その他の市では、そのような場所を手配できず、ファストフード店やカフェなどでインタビューを行った。

インタビュー参加者の最初の一人目には、韓国語を使ってツイートを投稿しているバンクーバー居住者をツイッター上で検索し、接触した。二人目の参加者からは、インタビューを実施した参加者から知人を紹介してもらう雪だるま式抽出法（snowball sampling）でリクルートした。

表1は、インタビュー参加者の簡単なプロフィールである。AさんからFさんまでは個別に、GさんとHさん夫婦、MさんとNさん夫婦は二人同時にインタビューをした。参加者は一四名と少なく、サンプリングも便宜的に行われたため、今回のインタビューから得られた知見の外的妥当性はもちろん高くない。今回の調査では、一般的にどうなのかではなく、多様な個別性の発見を目指した。

インタビューでは、まず研究の目的を簡単に説明した後、録音の許可をもらい、概ね一人あたり六〇分~八〇分かけて、移民者としての生活状況、韓国メディアの利用状況、オンライン・オフラインでの交友関係、韓国メディアおよび韓国社会に対する認識、移民生活の将来計画などについて話を聞いた。尚、インタビュー終了後には、有名コーヒーチェーン店で使える一〇カナダドル相当のギフト・カードを謝礼として渡した。

2　バンクーバーにおける韓国メディアの状況

Yu（2012）によれば、カナダ在住の韓国系移民は、韓国語メディアに対する依存が高い。その

表1．韓国系ディアスポラのインタビュー参加者のプロフィール

ID	年齢層	性別	ディアスポラ歴
A	40代	女	15年
B	30代	女	6年
C	40代	女	7年
D	50代	女	20年
E	30代	男	7年
F	30代	男	4年
G と H	50代	男女	5年
I	50代	男	24年
J	50代	男	20年
K	50代	男	9年
L	40代	男	1年
M と N	30代	男女	1年

理由の一つは低い英語力にあるとされる。バンクーバー市のあるブリティッシュ・コロンビア州の場合、六二％の韓国系移民が英語力がないまま到着するという。また韓国語が母語である人々の八六％が家庭で韓国語を使っているという州政府の調査結果もある。

カナダには、韓国の地上波放送四チャンネルにケーブルテレビおよび衛星放送の一部のチャンネルを加え、七つのチャンネルからの番組を総合編成してケーブルテレビ経由で放送しているチャンネルが二つ（All TV, All TV K）ある。本社はトロントに置いているが、バンクーバーにも支社がある。カナダ全域で約二万世帯が加入しており、視聴料は一つのチャンネル当たり月額一四・九五カナダドルである。開局は二〇〇一年九月。韓国人コミュニティのイベントなどを紹介するニュース番組や独自のラジオ放送番組も放送しており、一部コミュニティ・メディア

としての機能も果たしている。

しかし、多くの人々はこのAll TVのケーブルテレビではなく、インターネット上で無料で視聴できる様々なサービスを利用しているようである。最近、韓国のテレビ番組は、Ｔｕｄｏ、Ｙｏｋｕ、Dailymotionなどのビデオ共有サービスに、放送が終わるやいなや番組を録画したものが数多くアップロードされる。これらの映像ファイルへのリンクを集め、視聴しやすいようにジャンル別に整理したり、検索機能を提供したりするウェブサイトが多く存在しているのである。カナダでよく利用されているものとしては、bada.tv、Happy Koreaなどがある。こういうサイトは、そのほとんどが違法な映像へのアクセスを提供するものであるが、カナダには、こういうものとは別に、韓国の放送局と契約を結んで、合法的にインターネット上で韓国のテレビ番組をオンデマンドで提供しているものもある。Allsego、On Demand Koreaなどがそれであるが、Allsegoはケーブルチャンネルの All TVによって提供されているサービスで、韓国の地上波三社と一部のケーブルチャンネルの番組に限ってカナダ国内からのみ視聴できるのに対し、On Demand Koreaは、地上波放送とケーブル・チャンネルの番組に加え、韓国の映画など（一部は会員向けの有料サービス）も提供しており、北米全域で視聴可能である。

韓国の新聞社や通信社のニュースは、すべて無料でインターネット上で閲覧可能であり、ＮＡＶＥＲやＤＡＵＭなど韓国のポータルサイトで記事を検索したり読むことも、各社独自のスマートフォン向けアプリやキューレーション・アプリを利用して記事を閲覧することもできる。こららのニュース記事に関しては、カナダだけでなく、インターネットが利用できるところであればどこでも閲覧可能である。

カナダ現地で発行される新聞・雑誌も二〇紙誌ほど存在する。朝鮮日報、中央日報、韓国日報など、韓国の大手新聞社は、カナダ現地のニュースを中心に、韓国の国内ニュース、カナダの韓国系コミュニティのニュースなどを、ハングルで発行している。これらの新聞は、韓国系のスーパーの店頭などに積まれ、配布されている。後述するように、このようなエスニックメディアは、カナダ現地のニュースを知る重要な情報源として機能しているようである。「カナダ・エキスプレス」、「バンクーバー・ライフ」など、カナダのメディアが伝えたカナダ現地のニュースだけを、ハングルに翻訳して発行しているものも比較的広く読まれているようである。

新聞社はそれぞれウェブサイトでもニュースを提供している。例えば、バンクーバー中央日報は、印刷された紙面をそのままウェブサイトでも読めるようにしている。またJTVという名称でインターネット放送も行っている。番組は、中央日報の系列会社でケーブルテレビの総合編成チャンネルであるjtbcのニュース番組や、カナダの現地で開催された公演などの録画映像、現地の話題などである。jtbcが放送したドラマの一部作品も、オンデマンドで視聴できるようになっている。バンクーバー韓国日報、バンクーバー朝鮮日報は、放送番組の提供は行っていないが、バンクーバー朝鮮日報は、他の新聞社よりもコミュニティ機能に重点をおいていて、個人売買の掲示板などは利用状況が比較的活発である。

いわゆる社会関係資本（social capital）の形成と蓄積を目的とするエスニックなサイバー・コミュニティはほとんど成立していないようである。ソーシャルメディアの普及によって母国との繋がりが容易になり、ローカルな繋がりに対する必要性が低下していることが一因なのかも知れない。ローカルでしか得られない物質的、身体的充足、すなわち、住居、車、様々な生活必需品などの貸し借りや売り買い、出会いなどの充足がコミュニティ・サイトから得られる数少ない便益のようである。一方で、サイバー・コミュニティではなく、対面のコミュニティはある程度維持されているようであった。大学や高校の同窓会、同窓会主催の飲み会やゴルフコンペの開催を知らせる記事は頻繁に新聞に載っていたのである。

3　韓国メディアの利用状況

インタビュー参加者は全員、韓国のテレビ放送を見ていた。そして全員が、インターネットを利用して見ていたのである。ケーブルテレビのチャンネルを利用している参加者は一人もいなかった。そもそもテレビを持っていない参加者もおり、持っていてもケーブルテレビに加入している人は少なかった。テレビ放送を見るためにテレビ受像機を使っている人はむしろ少数派だったのである。テレビ受像機をもっぱらインターネットからの映像を見るためのディスプレイとして使っている参加者も二人いた。

よく見られている番組は、ドラマ、バラエティなどで、ニュース番組を見ている人は少なかった。Dさんは、毎朝韓国のニュース番組を視聴していたが、他の参加者は、ほぼ全員、ポータルサイトを利用して韓国のニュースを読んでいた。

ドラマをたくさん見ていると話していたのはBさんであった。韓国のドラマには、週2回放送するミニ・シリーズ、週五回平日に放送する連続ドラマ、一回で完結する単発のドラマなどの種類があるが、Bさんは毎日放送される連続ドラマも視聴していた。

毎朝、旦那さんに朝食を食べさせて送り出した後、洗濯物をセットしたら見始めます。（笑い）

興味深いのは、ほとんどの参加者がドラマの視聴に対して一種の「警戒感」を示していたことである。連続ドラマは、「ハマって」しまうと最後まで追いかけなくてはならず、かなりの生活時間をドラマ視聴に奪われてしまうことを経験しているからである。中には五〇話を超える長編ドラマも多く、数ヶ月に渡って見続けなければならないことになる。さらに、放送が終了した作品の場合、すべてのエピソードが視聴可能な状態で揃っているため、一旦ストーリの展開に囚われてしまうと、最終回まで集中的に視聴する「羽目」になることをほとんどの参加者が警戒しているのである。「一日中見ていた」とか「徹夜で見続けた」などの視聴経験の告白は、さほど誇張でもなさそうである。

参加者たちが韓国のテレビ放送視聴によく利用しているサイトは、Allsego.com、bada.tv、HappyKorea.comなどであったが、これらのサイトでは、早ければ韓国での放送が終わった二、三時間後には各種番組を録画したファイルが次々にアップロードされ、視聴しやすいようにドラマ、芸能、時事・ニュースなどのジャンルに分類される。検索機能も提供されており、非常に利用しやすく、「韓国にいるのと変わらない」（Dさん）と言っても過言ではない。

Aさんは特に「警戒感」が強く、このようなサイトを意識的に利用しないと言っていた。過去に放送されたエピソードから最新の分まで、すべてがクリック一つですぐに視聴できる状態になっているから、見続けてしまうそうである。

眠れない時とか、Youtubeでちょっとだけ見るんです。全部見せてくれなくて、一五分位で切って見せてくれるからいい。あまりハマれないのがいい。（Aさん）

現地で発行されている韓国語の新聞も比較的読まれているようであったが、韓国系のスーパーへ買物に行った時に、ついでに手にするくらいで、積極的に読んでいる参加者は少なかった。全体的にカナダのメディアに対する接触が非常に少ない中、この新聞に掲載されるハングルで書かれた現地の記事が、カナダのニュースを知る重要な情報源になっている。カナダのメディアを利用していると言っていたのは、BさんとCさんの二人だけで、Bさんはe-mailで届けられる

「Globe and Mail」紙のニュースを真剣に読んでいたが、最近はGoogleのニュースかカナダ人の夫が面白いと言って勧めてくれるRedditの記事に時々目を通すくらいだという。Cさんはカナダの公共放送のラジオニュースを聴いていたが、「『カナダのニュースが』必要だからではなく、英語の勉強のために、そして最小限の動きは知っておきたい」からとその聴取理由を説明していた。Dさんは、自身はカナダのニュースをあまり見なくなったが、子どもは見ていると言っていた。

韓国のポッドキャスト番組を聴いている参加者も二人いた。Aさんは、文学作品を紹介する番組を、Eさんは、時事問題についての解説やトーク番組をよく聞いていたが、Eさんが聞いているという番組は、今の政権に対し批判的なことでよく知られている評論家や政治家がレギュラーを務めるもので、Eさんは自分を「左派」と紹介していた。Eさんはソーシャルメディア上で、韓国の時事問題に関する書き込みを積極的に行っており、ポッドキャストで聴取している番組がそのための重要な情報源になっているようである。

ソーシャルメディアはすべての参加者が利用していた。フェースブックを利用している参加者が最も多く、全員がアカウントを持っていたが、Aさんはツイッターをより頻繁に使い、BさんとDさんはカカオストーリー（Kakao Story）、Eさんはバンド（Band）という韓国で主に使われているスマートフォン向けのソーシャルメディアをより頻繁に使っていた。ソーシャルメディア上で交流している相手は、韓国や外国にいる家族および友人・知人、カナダ現地にいる韓国系の友人・知人、そしてカナダ人を含む韓国系以外の友人・知人などであり、フェースブック上では、韓国系以外の友人・知人が交流相手に含まれているケースもあり、Aさんは常に韓国語と英語を併用して、Cさんは主に英語で、投稿していると言っていた。一方で、カカオストーリーやバンドは、韓国にいる家族や韓国人の友人、カナダ現地にいる韓国系の友人・知人との間で利用されていた。Aさんがツイッター上で交流している相手はそのほとんどが韓国にいる（と思われる）人々であるが、興味深いことに、メンションという機能を使い、ツイートに対して相手に返信をしたりする対話的な利用は、アメリカやフランスに居住している（と思われる）韓国系の移民者が多かったのである。

［ツイッター上で］全世界の人々と会います。みんな食べ物でつながっているんです。（笑い）外国生活が長い人は、現地で手に入る食材で［韓国料理を］作る方法を知っているから。朝は北米にいる人々と、午後は韓国にいる人々と話します。（Aさん）

4 母国への関心とディアスポラとしての自己承認

なぜ韓国のテレビドラマを視聴し、韓国のニュースをチェックし、韓国の人々とソーシャルメディアでつながろうとするのか。または逆に、なぜそういうメディア利用をしようとしないのか。今回のインタビューから包括的な動機のリストを作成することは期待できないが、いくつか注目すべき動機が存在することは確認できた。そしてそのような動機は、それぞれの参加者のディアスポラとしてのアイデンティティとも関係していることが見えてきたのである。

韓国のメディアを利用する動機として複数の参加者たちが挙げていたのは、韓国への「関心」であった。自分が生まれ育った「場所」、以前暮らしたことのある「場所」についての関心、家族や親族を残してきた国、そして幼なじみや学校の同期、職場の同僚だった人々が今も住んでいるところに対する関心である。そこでどういうことが起きているのか、何が流行っているのか、どういうふうに変わってきているのかを知りたいと思う欲求が、母国メディアの基本的な利用動機になっている。

しかし面白いのは、その関心が、自身との同類性や連続性、所属の記憶だけによって生み出されているものではないということである。自分の「不在中」に変わってしまったことに由来する新しさ、違和感、疑問なども、その関心を生み出すことに複雑に絡まっているようである。

断絶されているから「韓国の」本も手に入りにくくて、情報に対する欲求が大きかった。もう私がいない時間の方が長くなったから、今の「韓国」社会を学ぶみたいに。人々が何を考え、政治はどのように変わり、人々は何が好きなのかなど。「韓国のメディアを利用することとは」学びの場としての意味が大きい。私が知っているところではあるけど、ある意味では全く知らないところでもある韓国について情報を得ようとしているのです。（Aさん）

自発的ではない形で母国に対する関心が触発されるケースもある。Cさんの場合、韓国に関心を持つようになったのは、仕事上の理由が大きかった。語学学校で韓国語を教えているCさんは、韓流に興味を持ったカナダ人生徒に触発されて、韓国のドラマやK－popなどに接触するようになった。それ以前には、韓国に対する関心は薄れていたという。

移住してきてから、あまり韓国のニュースをフォローしたり、検索したりしませんでした。空白が韓国社会に対する関心を遠ざけたんです。ここで食べていかないといけないから、一つでもここのことを学ぶことが重要だと思っていたのに、「教えている」学生たちが何が好きなのか「を見て、それを授業の」資料として使うこともできるから、見るうちに関心ができて、今はドラマなんかは一つや二つは見ます。学生たちが押すアイドル・グループも全く興味はないけど（中略）チェックはします。（Cさん）

男性の参加者たちは、韓国のニュースに対する接触が特に多いという特徴が見られた。「ハンギョレ新聞や京郷新聞のスマートフォン用アプリで」革新系といわれるこの二紙の新聞記事を読み、コリアヘラルド（Korea Herald）という英字新聞のニュースも見るというEさんは、先述したように、ポッドキャストを利用して、やはり革新系の番組として人気の高い時事解説番組やトーク番組を四、五本聞いている。Fさんはパソコンのウィンドウズ10用のニュースアプリを利用して韓国のニュースを読み、さらにフェースブックの友達が共有する記事や、自分が登録したキーワードに沿って自動的に送られてくる記事にも目を通していると言っていた。Gさんは、NAVERのポータルサイトに行き、朝鮮日報、東亜日報、ハンギョレ新聞の記事を比べながら読んでいるという。

これらの男性参加者たちの母国に対する高い関心は、ある特定の側面に対する関心、例えば、韓国社会におけるイデオロギー対立や労働問題、貧富の格差、教育問題など、主に母国が抱えている様々な難しい問題、否定的側面に対する関心であり、そういう問題についてすでに多くの知識があって、状況がよく分かっているから生まれてくる関心である。さらに、Eさんは自身を、社会に積極的に関わる左翼系キリスト教信者であると紹介し、韓国社会が少しでも良くなることを願う気持ちから韓国のニュースをフォローし、それについてソーシャルメディア上で積極的に発言していると語ってくれた。Fさんは自身の政治的な傾向については明言を避けたが、韓国社会の現状に対してはかなり否定的な評価をしており、Eさん同様韓国社会の改革を願っているという。

二四年前にカナダに来て、カナダの市民権も取得し、韓国には二二年間一度も帰ったことがないIさんは、自身のアイデンティティを「八〇%はカナダ人」と紹介していたが、今も毎日、店番をしながらパソコンで韓国のテレビニュースを視聴している。彼にとって韓国のニュース、特に否定的な内容のニュースは、カナダへの移民を決断した二四年前の自身の選択が間違いでなかったことを確認し続けるための「証拠」のようなものに見えた。

政治にはあまり関心がありません。韓国は政治がちょっとあれだなと思うし、いつも喧嘩ばかりするから、もどかしいです。メルス［ウィルス感染拡大］の時もニュースを見ていました。韓国大変なことになったなと思いました。（中略）セウォル号（沈没事故）の時ももどかしかったです。安全不感症というか、カナダでは絶対起きないことが起きるし。（Iさん）

自身がカナダで交通事故に遭った際、警察の対応が非常に親切で良かったことを筆者に聞かせた後、彼は次のように続けた。

このような社会で暮らしている私がセウォル号事故なんかを見ると、本当に人の命が軽視されているなと思いました。（中略）そういう面で私は移民に来てよかったと思っています。（Iさん）

韓国の教育や経済の状況に対しても批判的な意見を述べた後、「正直、韓国が嫌いです。本当に嫌い。ますます嫌いな度合いが強くなります」と話すIさんは、ヤン（2000）がインタビューしたアメリカに住むMが、ニュースを見ながら常に韓国の悪いところを探していたのと同じように、母国の「バッドニュース」でディアスポラとしての自身の「境遇」を肯定し、そこから満足感や、場合によっては「優越感」をも得ようとしているのかもしれない。

Iさんと同じくクランブルック市でインタビューした、移民歴二十年のJさんはしかし、Iさんとは正反対の理由で韓国のニュースを見ていた。Jさんもカナダの市民権者であるが、移民者が韓国人としてのアイデンティティをしっかり持つことが大事だと考えている。今から二〇年前、トロント市に着いたばかり頃は、移民の子どもたちが「コリアンであることを恥ずかしく思って」いて、「とても残念だった」という。Jさんは自身の韓国メディア利用について次のように話してくれた。

韓国のニュースをよく見ます。カナダのニュースは時々ナショナルなイシュー（中略）を少し見て、主に韓国のニュースを見ます。インターネットでNAVERサイト、時々朝鮮日報、東亜日報のサイトを見ます。（中略）国家競争力と関連したニュースは、私がすごく熱心に見るほうです。ルーツがそこにあるから。カナダの国家競争力が上がるより「韓国の国家競争力が上がることが」もっと自分のことのように感じられます。なぜなのかはわかりません。韓国に住んでいるわけでもないのに。（Jさん）

K-popや韓流人気、経済成長のおかげで、「今は移民の子どもたちが韓国人であることに自負を感じるようになった」ことを喜んだ後、Jさんは再度、次のように続けた。

韓国の国力に関するニュース、スポーツであれ、経済であれ、そういうのを探して見ます。そういうニュースを見ると気分がいいです。(Jさん)

同じく長い年月を異郷で過ごし、同じく国籍を変えた立場であっても、どの所属に自身を同一視しているかによって、情報に対する選択的接触は、これほどまでに異なった形で現れる。ただその選択的接触を導いている欲求は、「自己承認」や「自己高揚」という同じ根元から始まっているのかもしれない。

5　ノスタルジーの慰撫

母国に対するノスタルジーは、ディアスポラの人々を母国メディアに向かわせる重要な動機の一つである。今回のインタビュー参加者の中では、Bさんが特にこのことについて明確に語っていた。

韓国が懐かしくて辛いです。朝、目が覚めると、自然にNAVER［でニュース］を見ますし、一通り家事をしてドラマを見ます。韓国でやっているのと同じです。ここで暮らすのも悪くないけど、一度は［韓国へ］行って父と母と暮らしてみたいです。（中略）［韓国のテレビは］私にとっては韓国との連結リンク、ノスタルジーを慰めてくれるもの、友達との会話を繋いでくれるものです。（Bさん）

Dさんは、動機という位置づけではなく、メディア利用の結果として語っていたのだが、次のようなことを話していた。

韓国に対する懐かしさとか、移民者としての孤独感などは、インターネットの発達によってだいぶ無くなったと思います。むしろ韓国にいるみたいに暮らしています。むしろここでドラマみたいなものを欠かさず見るし。（Dさん）

韓国のテレビを見ることができるから、インターネットでいつでも韓国にいる家族や友人と連絡が取れるから、遠く離れた場所にいられる。繋がるから離れることができる。物理的距離を埋める情報的接近性がディアスポラの生活を支えているのである。

それでは、韓国のメディアを全く利用できなくなるとしたらどうなると思うか、と尋ねたところ、次のような答えが帰ってきた。

あまり考えたことがなくて……どうなるでしょう……電話をたくさんかけてしまう気がします。そこ（電話をかけた韓国の相手がいるところ）はどう？　という具合に。豪州にいたころは［韓国に］電話をたくさんかけました。それと、ここ（カナダ）の放送を見るんじゃないですか？　そうすれば韓国がもっと恋しくなるでしょうね。（Dさん）

最初はインターネットでニュースをチェックするくらいだったが、韓国のテレビ番組をオンデマンドで視聴できるサイトができてから、ドラマやバラエティ、映画など、様々な番組を楽しむようになったというKさんも、韓国のテレビを視聴できることが「故国に対する郷愁を慰めてくれる」と話す。そして、もし見れなくなったら、大きな「衝撃」を受けるだろうと想像していた。

相当な衝撃を受けるだろうな……（中略）見てなかった時は知らなかったけど、見ていていまから止めないといけないとなると、相当不便だろうな……いや不便じゃなくて衝撃的ですね。とても大きいです。日常生活で占める部分が。（Kさん）

うつ病になるでしょうね。（笑い）……コリアンタウンにもっと頻繁にいくかも。（Gさん）

韓国のメディアが、韓国人が多く集まる場所への「訪問」の代わりになっているというGさんの話は興味深い。メディアによって媒介されるバーチャルな「韓国」が、リアルな「韓国」との接触を代替していることを示唆しているからである。「韓国にいるみたいに暮らしている」というDさんもそうであるが、韓国のニュースを読み、韓国のテレビ番組を見ることが、韓国への「訪問」、さらには韓国での「居住」の代わりになっているという感覚が表れているからである。

母国のメディアが母国に対する郷愁を慰めてくれるのではなく、むしろそれを刺激し、思いを募らせるケースもあった。移民してまだ年月の浅いLさんは、六ヶ月前から韓国ニュースを見るのを止めていると言っていた。ニュースを見て韓国のことを思い出すのが「辛い」からである。

NAVER［でニュース］を見ると韓国のことを思い出すじゃないですか。「秋夕の帰省渋滞いついつピーク」とかそういうの見ると、秋夕連休前日の職場の雰囲気を思い出すし。（中略）だからニュースはわざと避けています。（Lさん）

MさんとNさん夫婦は、バンクーバーのような大きな都市ではなく、人口の少ない町への移民を検討していた。そのほうが競争が少なく、新入者としてはビジネスをしやすいと思ったからである。しかし小さな町だと、インターネットを利用できない可能性もあると考え、彼らは韓国を立つ前に、あるものを用意していた。韓国のドラマやバラエティ番組、そして韓国の映画などを、大容量の外付けハードディスクいっぱいに、貯めこんでいたのである。

ドラマ、映画をいっぱいダウンロードしました。外れた町だとインターネットが繋がりにくいと思って。（中略）外付けハードディスクに、「恋愛時代」、「星から来たあなた」などなど、ドラマ中心にダウンロードして。（Nさん）

職場にヘビーなダウンローダーたちがいるから、その人たちにアドバイスをもらって、何テラ［バイト］も、あるものすべて。（中略）もし見たいものあったらいってください。（笑い）（Mさん）

しかし、定住を決めたクランブルック市はインターネットが不自由なく利用でき、韓国のテレビ番組を視聴できるサイトはいくつもあるのを知って、持ってきたものはほとんど使わなかったそうである。

移民直後の慣れない異国生活の中で、母国や故郷への思いを慰め、安楽感を得られる方法としてMさんとNさん夫婦が選んだのは、ネットワーク的に孤立しても、何年間も耐えられるくらいの、膨大な量の「母国メディアの貯蔵と携帯」だったのである。

6 娯楽と逃避、母国への憧れ

インタビュー参加者に共通して見られる認識の一つは、カナダのテレビは面白くないということであった。カナダで放送されているテレビ番組の多くは、実際にはアメリカのものであるが、いずれにしても英語で内容を理解する必要があるから、どれくらい楽しめるかには英語力が大きく関わってくる。英語教師として働いたこともあるBさんは、カナダ人の夫と一緒に、アメリカのドラマを見ることもあると言っていたが、他の参加者は、カナダのテレビ放送を見ることはほとんどないそうである。

ここでは韓国の人々は「カナダの」テレビを見ないんです。あまりにも面白くないんです。韓国はテレビ番組をうまく作るんです。外国に売ったりもするから……非常にうまく作っていると思います。でしょ？ そのいつものお決まりの内容で、分かりきったもので「面白く作るから」、不思議なんです。（Aさん）

前節ですでに、韓国ドラマのもつ「中毒性」ゆえに、シリーズ物を見始めることを「警戒する」傾向があることを述べたが、インタビュー参加者たちが韓国のメディアから強い娯楽的価値を見出していることは間違いない。これは単にドラマやバラエティなどの娯楽的なコンテンツに限ったことではない。

ニュース［番組］作りが国によって違うんです。韓国のニュース番組は視聴者の関心に合わせて、知りたいと思うところをぴったり教えてくれるんだけど、カナダのニュースは完全に冷静なんです。悲しいストーリーとかそういうのもあるけど、面白くないんです。……私が見たいニュースがあまり出てこない。（Dさん）

移民を勧めてくれた人に「絶対に韓国のニュースを見るな」といわれたというMさんは、それでも暇さえあればスマートフォンで韓国のニュースを覗く理由について、「頭の痛いことから逃避するため」と説明した。インタビューに同席していた人から「韓国のニュースを見るともっと頭が痛くならないですか？」と冗談をかけられると、「だから、だんだんスポーツニュースにはまっていく」とも言っていた。

子どもの韓国語教育、韓国人としてのアイデンティティ形成のために韓国のメディアを利用しているという回答も聞かれた。これも十分予想できる母国メディア利用の動機の一つではあるが、興味深いのは、韓国に対する認識の変化と、それに基づいたかなり戦略的な展望がそのような動機の背後に見られていることである。

韓国は子どもを英語圏へ早期留学させる親が多いことで話題になることも多く、自国の文化を卑下し、外国文化、特に西洋文化に憧憬を抱く傾向が根強い国という自己認識も一般的であったが、経済成長や韓流人気の高まりなどによって、自文化に自信を強める傾向が現れているのである。

今回のインタビューでも、そのような認識が表れている語りを数多く耳にすることができた。

ただ誇らしい国、……韓国の文化がアジアの中心になって、［カナダ人の］学生たちが韓国文化に関心を持ち、言葉を学びたがるし、……K-popとか映画とかそういうもの、私はそういうものがあまり好きではないけど、学生たちにアップデートしてもらう状況なんです。（Cさん）

いま韓国が豊かに暮らしてるじゃないですか。私から見るとすごく豊かな国です。……だからその文化を追っかけるようになるんですね。子どもたちにも韓国学、韓国人としてのアイデンティティをもっと教えるようになるし。（Dさん）

本をたくさん読ませて韓国語を維持させようとしてるんです。（中略）……最近は韓国が豊かだし、英語だけよりは韓国語もできたほうがずっと有利だから。韓流がここでも影響があるし、（中略）韓国映画、韓国音楽を見たり聴いたりする［カナダ人の］友達がいるから……［子どもたちも］韓国語ができることを誇りに思ったりするみたいです。（Hさん）

将来必ずしも韓国に戻ることを計画しているわけではないが、子どものいる参加者たちは、子どもに韓国人としてのアイデンティティと韓国語の運用能力を持ってもらいたいと願っていた。そしてそうすることが、韓国人として「正しい」ことであり、「有利」なことだと思っているのである。しかし、だからといって、子どもたちに韓国メディアへの接触を自由に許しているのかというと必ずしもそうではなさそうである。

例えばDさんは、韓国のドラマは子どもと一緒には見ないといい、子どもが家にいる時に韓国のテレビを視聴することに対して、後ろめたさを感じているようでもあった。そして、Hさんも、韓国のテレビ番組が韓国語能力を伸ばす上でそれほど役に立つとは思っていないといい、むしろそれが子どもの集中力を低下させはしないかと心配していたのである。

まだ未就学児の子どもがいるMさんとNさん夫婦は、子どもが韓国人としてのアイデンティティをなくしてほしくないから、カナダのケーブルテレビにもまだ加入していないと話していた。しかし同時に、韓国のテレビに夢中になることも嬉しくないらしく、まだ見せるつもりはないといっていた。

7 母国の時間と記憶

何人もの参加者が、カナダに暮らしていても「韓国にいるのと変わらない」という言葉を頻繁に口にしていた。韓国の食材や食べ物、韓国人コミュニティへの容易な接近などに加え、韓国メディアが創りだす象徴的な環境が、「場所だけカナダにいる感じ」（Dさん）を与えるのである。

そしてこのような母国メディアへの没入は、その自然な帰結の一つとして、ホスト社会への参加を妨げる。Bさんはカナダ人と結婚していても、市民権も申請しないし、韓国の医療保険もそのまま持っているという。現地のカナダ人と一緒にできることがないから、韓国に行ったり来たりして、まともな仕事にも就けないと話す。Dさんは、インタビューを開始して調査の目的を伝えると、開口一番次のように語った。

結論から先にいいますと、インターネットの接続が容易じゃないですか。だから適応が難しくなるような気がします。……三〇年前に移民した人は、韓国メディアを見れなかったけど、私達の［移民］世代は韓国にいるみたいに暮らしている感じです。この社会に交われずに。（Dさん）

今回インタビューを行ったカナダのバンクーバー市と韓国との間には、いわゆるサマータイム期間（四月～一〇月）において、一六時間の時差が存在する。したがって、たとえばテレビで夜のニュースを視聴する場合、アップロードされてからすぐに視聴するとすれば、バンクーバーでは、その日の朝にその日の夜のニュースを見ることになる。つまり、韓国ではその日がすでに終わっている時間帯なのである。録画され蓄積されているコンテンツをデータベース的に利用する場合にはあまり関係ないが、本放送を追いかけて視聴する場合には、当該番組の韓国における放送日、特に週単位で編成される番組がほとんどであるから、放送される曜日を気にする必要がある。韓国で水・木の夜に放送されるミニシリーズのドラマは、アップロードされてからすぐに視聴する場合、バンクーバーの水・木の朝に視聴することになるという具合である。慣れてしまえば簡単なことであるが、いずれにしても「韓国の時間」を意識しなければならない。

ソーシャルメディアで韓国にいる人々と交流をする場合にも同じである。非同期的な使い方をすれば話は別だが、同期的な利用になればなるほど、利用する時間帯を韓国のタイムゾーンに合わせないといけない。ツイッターをよく利用しているAさんに、北米にいる同じ韓国系移民の人々との交流が多い理由を尋ねると、同じ移民の境遇で共感できる部分が多いことの他に、「時間帯が近いから」という回答が帰ってきた。韓国にいるフォロワーには、「朝起きて、お休みなさいをいう」ことになるから、同期的なやり取りは難しいという。

Bさんは、韓国にいる家族に頻繁に電話をかける。それも一時間以上の長電話をするという。彼女は、韓国の時間に合わせ、相手が受けやすい時間帯を見計らい、電話をかけるという。

時差を計算して、母にかけるときは「韓国時間で」朝にします。母は日中は仕事をしているため、朝が話しやすいから。義理の妹たちには、彼女たちが子どもを学校に送った後の時間に。（Bさん）

韓国の朝六時から正午にかけての時間帯は、バンクーバーでは前日の午後二時から夜八時の間の時間帯になる。専業主婦であるBさんにとっても比較的都合のいい時間帯ではあるかもしれないが、いずれにしても、韓国の時間を気にして行動することになるのである。韓国のメディアを追いかければ追いかけるほど、韓国にいる人々とのネットワークに組み込まれていけばいくほど、韓国のタイムゾーンに拘束されることになるのである。

韓国のニュースを見ると、韓国にいた時のことを思い出すから「辛い」といっていたLさんは、特に韓国の時間や曜日、季節に関する思い出をニュースによって想起していた。日本では「中秋の名月」と呼ばれる旧暦の八月一五日は、韓国では「秋夕」（チュソク）という大型の休暇に当たるが、この秋夕恒例の高速道路の渋滞に関するニュースを見た時、Lさんは韓国で働いていた職場の情景を思い浮かべたという。

韓国はいま午後二時頃だから、職場の同僚たちは皆お昼を食べ終わって、次の日から秋夕の連休が始まるから、適当に仕事を片付けて早めに退社するんだろうな……ということを思い出したりしました。（Lさん）

また、カナダに来たばかりの頃、韓国のテレビを見ていて、番組の放送曜日がきっかけになって、「いまころ韓国は金曜日の夜だから、誰か友達と一杯やって、家路に着いていていた頃だな」といったことを思い出したりもしていたそうである。母国メディアの利用が、ディアスポラの人々を母国の「今」のタイムゾーンに引き込むだけでなく、そのタイムゾーンにおいて過ごした懐かしい「過去」へと誘うのである。

韓国メディアを利用するうちに、韓国に対する認識が変わることもある。例えばCさんは、韓国のドラマを見るようになってから、韓国の良さを思い出したという。移民を考えていた頃のCさんにとって韓国は、離れたいところ、「本当に嫌な」ところだった。

正直、韓国ドラマ、私はまったく関心ありませんでした。最近は楽しんでいます。今の韓国がどうなっているのか、ドラマを通して知ることもあります。背景に出てくる建物なんかを見ても、やっぱり韓国はいいところだなと思ったり。(Cさん)

Aさんにとっても韓国は嫌な国だった。伝統的な女性の生き方を押し付けてくる社会から逃れたかったという。韓国では仕事に対する「正当な」報酬がもらえず、韓国人とは仕事をしたくないとも思ったほどである。体面を重んじ、格好ばかり気にする「気質」も気にいらなかった。将来も韓国に戻ることは考えていないし、カナダにいることが心地良い。今まで暮らした中で経済的には一番苦しいし、仕事にも満足できないけど、気持ち的には一番楽だと語っていた。しかし、ソーシャルメディア上では、韓国人との交流がほとんどである。確かに韓国の国内にいる人よりは、アメリカやヨーロッパにいる同じ韓国系の移民の人々とより共感できる部分はあるが、多くを語らなくても、一言いえばすぐにわかりあえる、「阿吽の呼吸で」通じ合う人々が「大切な存在」だと思っている。

対人的なコミュニケーションだけでなく、ニュースやドラマを見るとき、トークショーやお笑いなどのバラエティ番組を消費する際にも、「韓国人だから」、「韓国語だから」、興味を覚え、共感でき、笑えるのだと、思ってしまうこともあるのである。そうして、自らの韓国人としての宿命的なアイデンティティを再確認させられ、韓国人だけが共有している「本質的な」何かがあるのだと認めさせられる経験をするのかもしれない。

第3章　日系ディアスポラの日本メディア利用

日系ディアスポラの聞き取り調査は、二〇一五年一一月初めから一二月中旬までの一ヶ月半にかけて、すべてバンクーバー市内で行われた。韓国系ディアスポラのインタビューで最初にリクルートした人がたまたま日系ディアスポラとのネットワークを持っていたため、その人から二人の参加者を紹介してもらい、その後は雪だるま式サンプリングで参加者をリクルートした。インタビューに参加してくれた一二名の簡単なプロフィールは表2のとおりで、性別では、女性八名、男性四名、年齢では四〇代、五〇代が中心、ディアスポラ歴は、最も短い人が五ヶ月、最も長い人は一五年である。

1　バンクーバーにおける日本メディアの状況

バンクーバーでは、様々な日本のメディアを利用できる。まずケーブルテレビのチャンネルとしてNHKを中心とした日本の地上波放送の番組を編成して放送しているJapan TVを視聴することができる。このチャンネルは、アメリカのニューヨーク市に本社を置くNHK Cosmomedia America Inc. という、「日本向けのアメリカの大リーグやPGAのスポーツ中継、ドキュメンタリーや情報番組の制作を行う」（http://tvjapan.net/company/）企業によって運営されているもので、カナダだ

表2．日系ディアスポラのインタビュー参加者のプロフィール

ID	年齢層	性別	ディアスポラ歴
O	50代	女	11年
P	20代	女	13年
Q	40代	女	15年
R	40代	男	11年
S	40代	男	4年
T	40代	男	3年
U	50代	女	10年
V	30代	女	11年
W	40代	女	12年
X	20代	女	5ヶ月
Y	40代	女	8年
Z	40代	男	5年

けでなくアメリカでも視聴できる有料のチャンネルである。放送は二四時間行われている。

日本のテレビ番組も、Youtubeを始めとしたインターネット上の様々な動画共有サイトに日々アップロードされており、それらの動画へのリンクだけを集め、ジャンル別に整理したウェブサイトなどが存在している。今回インタビューした人々の間でよく利用されていたのは「気ままにユーチューブ」(http://kimamaniyoutube.blog78.fc2.com/) というウェブサイトで、ここでは放送終了後にアップロードされたドラマ、アニメ、バラエティ番組へのリンクを放送曜日別に整理したりして、毎日更新している。ほかにも、ドラマやバラエティ、アニメなどのジャンルごとに、リンクをまとめた「まとめサイト」というものがいくつも存在している。

これらの動画は違法なものであり、そのためすぐに削除されてしまう。したがって、これらの動画を視聴するためには、放送終了後に番組映像がアップロードされてから、削除されるまでの数日間にアクセスしなければならない。合法的に放送局とライセンス契約を結び、インターネット上でオンデマンド放送のサービスを提供している事業者はない。

日本の大手新聞社がバンクーバーで発行している新聞はなく、日本語の新聞は、毎週木曜日に発行される「バンクーバー新報」(www.v-shipo.com)というエスニックペーパーが唯一である。一部一ドルで、日本食材を売るスーパーや本屋などで購入できる。その他、月二回発行される情報誌「Ooops!」(www.ooopsweb.com)、月刊誌「月刊ふれいざー」(www.thefraser.com)などが無料で配布されている。バンクーバー新報と月刊ふれいざーはウェブサイトでバックナンバーの紙面を読むことができ、Ooops!も記事の一部をウェブサイトに掲載している。

Ooops!の編集者によれば、これらの紙媒体は全盛期に比べるとかなり部数が落ちてきているという。一時期に比べるとバンクーバーに来る日本人の数も減っており、何よりもインターネットを情報源として利用する傾向が強まったからであろう。

紙媒体を持たず、ウェブサイトやソーシャルメディアを使い地元の情報を提供しているメディアも存在する。代表的なものはLife Vancouver(lifevancouver.jp)で、ワーキングホリデー制度に関する情報や新しい交通カードのチャージの仕方など、現地での生活に関連したニュースや情報を掲載している。情報量は少ないが、「バンクーバーのビジネス&カルチャーニュース」を掲載している「バンクーバー経済新聞」(vancouver.keizai.biz)というインターネット新聞もある。ただ、韓国語や中国語で利用できる母国および現地のエスニックメディアに比べると、日本語で利用できるそれらはかなり選択肢が少ない状況である。

2　日本メディアの利用状況

今回インタビューをした一二名の日本人参加者も、全員日本のテレビ放送を視聴していた。ケーブルチャンネルである「ジャパンテレビ」に加入している参加者は一人のみで、その人を含む一二名全員が、インターネットを利用して日本のテレビを見ていた。

インターネット上でテレビ番組が見られるようになる前からも、一部の参加者は、バンクーバー市内にある日系のスーパーやコンビニエンスストアから番組を録画したテープやDVDをレンタルしたり、一時帰国した人が日本から持ってきたものを仲間の間で回して見たり、日本にいる家族や友人が録画して送ってくれるものを見たりしていた。だから、日本のテレビがインターネットで見られるようになった時は、「嬉しかった」（Oさん）という。ディアスポラ歴一五年のQさんも同じような感想を語ってくれた。

ここに来た頃は、インターネットがそんなに発達してなかった時代だったから、（中略）レンタルビデオテープを借りてた。お友達や親から送られてきたテープを回してみたり。古いものだったりしたけど、日本のものが見れるだけで嬉しかった。（Qさん）

インターネット上で主に利用されているものは、「気ままにユーチューブ」というリンクまとめサイトで、今回インタビューした参加者は全員が知っていた。ドラマ、バラエティなど、あるジャンルに特化したまとめサイトも利用されていた。見る番組がだいたい決まっているので、直接Youtubeで番組名を入力し、検索して見ることも多いという。

動画共有サイトにアップロードされるテレビ番組のファイルが、すぐに削除されてしまうことも全員知っていて、視聴するためには日本で放送された後の数日間にアクセスする必要があることを認識していた。したがって、見逃さないためには、見たい番組が日本時間でどの曜日のどの時間帯に放送されるのかを意識している必要がある。

日本のテレビを「めっちゃ見てる」といっていたQさんは、さらにこのようなことを話してくれた。

　ジャニーズ［所属のタレントが出演する番組］とかは早く消されるから、気をつけて早くみます。少ししてからまた上がってきたりすることもあるので、［日本語ではなく］アルファベットで検索すると見つかることもあります。逆に、消されて少し待ってから検索すれば出てくることもあります。（Qさん）

どのようなタイミングでどのように検索すれば、目当ての動画を見つけることができるのかについてのノウハウがかなり蓄積されている様子である。

一方で、アップロードされた動画がすぐに消されてしまう状況が、視聴の中断をもたらすこともある。「仕事終わって、次の朝が早くなければだいたい日本のテレビを見ちゃう」というSさんは、いろんな方法で検索してまで見ることはせず、削除されてしまうとそこで見るのをやめてしまうと話していた。

Youtubeですぐ消されるというか、著作権が絡んでくるんで、見ようと思っても、まだ消されてないのがあれば見ちゃいますけど、それでその続きが消されて途切れてしまったら多分それで見なくなっちゃいます。（Sさん）

筆者が、韓国のテレビ番組は、合法的なオンデマンド放送のサービスが存在していて、削除されることなど気にせず、しかも無料で視聴できることを説明すると、参加者の人々は一様にうらやましがる反応を示していた。

あーいいですね、いいですね。あーいいですね。いやもう羨ましいです。（笑い）（Sさん）

あ、なるほど、いやいや、いいと思いますよ。許可する番組ができたらいいですね、ホン

マに。いいものは世界に発信すべきだと思うんですよ。合法的にね、見れるような環境ができればいいいですけどね。（Rさん）

インタビューを開始してすぐに、日本のテレビをどれくらい見ているか質問すると、やはり違法な動画を見ているということを気にしているせいか、あまり積極的には視聴の度合を明かそうとしない参加者が多く見られた。テレビを「たくさん」見るという行為そのものが、しばしば社会的にあまり望ましくないものとして認識されている上に、違法に提供されているものを見ているという一種の「罪悪感」を感じているのかもしれない。

韓国テレビ番組のオンデマンドサービスに対して見せるこのような反応には、視聴の機会にありつけるために、あるタイミングを見計らって、若干の努力を傾けなければならないという「不便さ」だけでなく、「小さな違法行為」がもたらす「曖昧な罪悪感」から解放されたいという心理がその背後にあるような気がした。

日本テレビの視聴頻度や時間量は、個人によってもちろん差があるが、今回インタビューした参加者の中には、かなり習慣的に視聴している人が何人も含まれていた。すでにQさんやSさんが自身の視聴度合を描写した表現を紹介したが、ケーブルチャンネルのジャパンテレビも契約しているというZさんはさらに「依存」という言葉を用いて視聴状況を表してくれた。

本当にインターネットさまさまですね。依存しているところありますね、やっぱり。つい最近、ストーム来て停電したんですよ。なんもできないというときに改めて気づかされました。インターネット［で日本のテレビ番組が］見れないことでストレス溜まったり。（Zさん）

日本を離れてから、むしろ日本のテレビを多く見るようになったという参加者も数人いた。Tさんは、カナダに移住したことで仕事が変わり、日本にいた時よりも自由な時間が増えたことが、テレビを見るようになった主な理由であるといいつつも、次のように話していた。

日本にいた頃はテレビをあまりつけないタイプでした。時間もなかったんで。多分こっちにきて周りが英語環境だから、日本語に触れたいなというのはあるかもしれないですね。（Tさん）

今回インタビューした中で、最も日本に近い環境でテレビを視聴していたのは、UさんとYさんである。二人は同じ職場に努めていたが、その職場に sling box という、テレビや録画機に接続して、放送されている番組や録画された番組の映像を遠隔操作でインターネット経由で転送するシステムが設置されていて、「二四時間」日本のテレビ放送が（映像の転送にかかる若干のタイムラグを無視すれば）「リアルタイムで」見られるような環境にいたのである。職場ではその放送をずっと流しているので、仕事をしていても「耳に入ってくる」（Yさん）状況にあるという。

このシステムは、自宅においてあるパソコンからもログインして利用することができるので、Uさんは、仕事から帰った後も、自宅のパソコンで日本のテレビ放送を日本と同じ時間で見ることができる。このような環境のせいもあって、Uさんは、日本にいた頃は日本のドラマよりも海外のドラマを多く見ていたが、最近は半々の比率で見るようになったという。

日本のテレビって、最初はここに来てから四、五年、見てなかった。（中略）「スリングボックス」があるので、すごく日本のテレビとか、今は詳しくなっている。日本時間のライブで見ることができるし、録画して見ることもできる。（中略）「よく見る番組は」ドラマが多いですね。最近やっているものも大体。（笑い）バラエティも、最近はマツコ「・デラックス」が好きなので……（中略）。日本から来る人よりも詳しいかもしれない。日本にいた時よりも見ているかもしれない。（Uさん）

日本のテレビ番組でよく見られているのは、バラエティ、ドラマなどであった。ニュース番組を見ている人は非常に少なく、ジャパンテレビを契約しているZさん、職場で日本のテレビをリアルタイムで流しているUさん、Yさんがニュース番組または情報番組について少し言及していたくらいである。ドキュメンタリーが好きで、「NNNドキュメント」や「朝まで生テレビ」をよく見ていると話していたのはTさん一人だけであった。

3　日本のニュースが「気になる」——家族と愛国

ニュース番組を視聴する人は少なくても、ポータルサイトなどで日本のニュースをチェックしている人は多かった。ほぼ毎日、人によっては一日に何度も、習慣的に見ているケースもあり、ツイッターやニュースアプリで日本のニュースをチェックしている人もいた。日本で行われているニュース接触の実態とほとんど変わらないのである。

最初にまず自分のパソコンのブラウザが立ち上がるとヤフーになっているので、（中略）毎朝、毎晩、あとたまに移動中とかケイタイでも、ヤフーのニュースを見る感じですね。（Sさん）

あと、携帯にスマートニュースってあるじゃないですか。あれですね毎日見ているのは。数時間おきにアップロードされるじゃないですか。（中略）追っかけてる。こっちのニュースよりも日本のニュースとかトレンドに興味があるかもしれません。（Pさん）

なぜカナダに住んでいるのに日本のニュースを見るのかという質問をすると、普段あまりその理由について考えたことがないからか、または日本のニュースを見るのは当たり前という意識があるからか、すぐには答えられない人が多かった。やがてその理由として挙げられたのも、「習慣」とか「気になるから」というもので、日本のニュースを見るということが、具体的な目的を意識することなく日常的に繰り返される行為の一つになっていることがわかる。

なぜ日本のことが気になるのかとさらに尋ねると、何人かは、「家族」のことを口にした。

家族はみんな東京にいるので、お天気、災害のチェックはしておかないと。ヤフーのページに地域の指定ができるので、自分のホームタウンを指定しておいて。（Oさん）

家族がいるからというのもある。習慣です。（Yさん）

特にその……異常気象とか災害とか、両親とか日本にいるわけですから。まあ大丈夫だと思いますけど。（Sさん）

ホーム、故郷、母国のニュースをチェックするという行為はすでに習慣として身体化されていて、その動機や理由を合理的に、意識的に、改めて説明することは難しい。したがってあまり具体性のある行為の原因帰属ができないのであろう。しかし、努めてその理由づけをしようするとそこでまず見つかる具体性のあるものは「家族」であり、母国への関心は、母国に残してきた家族への気遣いや心配、愛情として説明され、納得されるのかもしれない。

興味深いことに、ナショナルな所属や愛着に日本への関心を、またはその関心への規範を、還元させる参加者もいた。

何でなんですかね、僕もよくわからないですけど。（中略）日本のこと見ますね。やっぱ日本好きなんですよね。それがまず根本にあって。（Rさん）

日本のニュースですか、気になりはしますけど、あまり見ないですね。（中略）心のどっかで、日本人だし、見なきゃとは思うんですけど、見ないです。（Wさん）

この二人だけでなく、今回インタビューをした一二名の参加者は概ね、日本という国に対して、日本人という国籍に対して、日本人であるというアイデンティティに対して、全体的に肯定的な感情を抱いていた。移住先で経験する様々な不便さから日本での便利さ、安楽感を思い出したり、ホスト社会の人々が日本に対して持っている関心や評価の高さを知ることが、その源の一つになっているようである。

私は日本に生まれてよかったなと実感できました。ここもいい国ですけど、まだまだ改善できる部分が多いですね。日本のほうが進んでいるところもたくさんあると思います。（Oさん）

コンビニが恋しくて恋しくて。全然比べ物にならないというか、なんか入った時の明るさというか、物も。（中略）そういうのは、日本に対して誇りに思ったりしますね。（Pさん）

あ、好きになりました。日本の文化をもっと大事にしたいなと思いました。いままではね、髪の毛茶色くしたりとか。だからって何かに取り組んでいるかというとそうじゃないけど、日本人であることに誇りを持ちたいな。（Wさん）

日本から離れてから日本がもっと好き［になった］。［日本にいた頃は］むしろマイナスな部分を探してた。（中略）だったのが、一旦離れてみるといい国だったな、いいところだったなというふうに実感できて。逆に愛国心は［強くなった］。（Qさん）

それでQさんは、少しでも日本の経済の役に立ちたいという気持ちから、できるだけ日本製の製品を購入するようにしているといっていた。他の参加者も日本を離れてから日本に対する愛着が強くなったことを語っていた。

こっちに来てからのほうが、日本に対していいイメージを持っています。（中略）どこから来たの？　って聞かれて、日本ですというと、私日本大好きとかいってくれるし、お世辞かもしれないけど。（中略）日本人でよかったなと思うし、日本についてもっと知ってもらいたいと思うし。（Vさん）

日本についてもっと知ってもらうために、日本についての情報を検索したり、学習しようとするケースも見られた。

伝統的なことを全然知らなかったなと思いました。なんかこういうきちんとしたバックラウンドがあって、こういう行事があるとか。（中略）おせち料理とかもなかなか説明できなかったし。除夜の鐘［を鳴らす理由も］……（中略）だからそう考えると、全然知らなかったな私、と思って。（Xさん）

このように話すXさんは、Youtubeで外国人が日本の伝統文化を英語で紹介する動画などを検索して見ているそうである。日本のことについて聞かれたら英語でうまく説明できるようにするためである。

一方、移住先で日本のメディアを利用することが、日本に対する愛着や自負を強めているという認識はあまり語られなかった。日本のニュースを読んだり、ドラマやバラエティ番組を見ることで、日本がより好きになり、日本人としてのアイデンティティが強くなるというようなことは、それほど意識されてはいないようであった。むしろはっきりと、その関係を否定する意見を聞くことはできた。参加者の一人は、日本への恋しさを呼び起こすのは、日本にいた頃の思い出、記憶であるといっていた。

僕の場合は、「日本のメディアから」得た情報でそう思うことはないですよ。過去のことを思い出した時に「日本に」恋しさを感じることはある。自分の記憶ですね。（中略）それは、メディアでは埋められないものです。（Zさん）

日本人という国籍、日本人であるというアイデンティティへの自負や満足がよく表れていることの一例に市民権の取得をめぐる問題がある。今回インタビューをした日本人の参加者は、まだカナダに来て間もない一人を除き、全員が永住権を持っているか申請中の人で、市民権を取得した人は一人もいなかった。つまり、全員が日本国籍を維持していたのである。今後、カナダの市民権を取得するつもりはあるかという質問に対して、はっきり「イエス」と答えた人は一人だけだった。

カナダの医療体制に対する不安、いずれ日本に帰国するかもしれない可能性、市民権の取得によって得られる追加的なメリットの少なさなど、国籍の機能的側面、国籍に付随するベネフィットから、市民権を取得しようとしない理由を説明しようとする意見が多く聞かれた。しかし、国籍という所属がもたらす便益に関係なく、日本国籍に対する情緒的な結びつき、拘りも、かなり強いように感じられた。

市民権は取らないです。日本人として日本の国籍は持っていたい。私は医療のこととか、あまり考えないです。日本人であるという、名刺で言えば肩書ですか？ みたいなもの、日本人であるということ、日本で育ってきたことを［大事にしたい］……［中略］それにいろんなところに行くとき日本のパスポート強いと言うし。（Wさん）

市民権を取るつもりはない。日本のパスポートはキープしたいから。何かあった時にやっぱり日本かなというのもあるし。あたしが［パートナーよりも］長く残った時に、一人でカナダにいるよりは日本かな。（Qさん）

市民権を取る意向があるとはっきり答えていたTさんは、日本のメディアに対しても批判的な態度を示す場面があった。いわゆる「日本を褒める」番組が増えているという指摘に対して不満を表明していたのである。

市民権を取るつもりはある。日本国籍にもこだわらない。全然どこでも家族で幸せに暮らせる限りにおいては地球上のどこでも［構わない］。（Tさん）

［こういうことを言うと］日本人に怒られますけど、日本にいると日本を褒めなきゃいけないという雰囲気があります……、［中略］別に［日本を］貶めようという気持ちはないですけど、無理やり褒めてもね。あれがすごい、これがすごいといわなきゃいけないというのを見ると［情けないです］。（Tさん）

4 「笑いのツボ」の共有とレトリック共同体

一方、お笑い系のバラエティ番組に関しては、「日本人」が共有する「笑いのツボ」に言及する参加者が何人もいた。

［日本のテレビ番組は］面白いです。（笑い）笑いのツボが同じというか、日本人に合わせて作っているじゃないですか。彼氏はカナダの人なんですよ。こっちのテレビのトークショー

を見て笑ってるんですけど、私が英語ができないこともあるんですけど、何が笑えるのか分からないんですよ。（Wさん）

日本のテレビ番組って面白いじゃないですか。うん……、こっちのコメディとかを見ても、やっぱり日本人と笑うところが違うので、あれ？　いまどこが面白かったんだろ（笑い）と思ったり、こっちの人と見てると大爆笑してるんですけど、いま私理解しなかったかな……と思うんだけど、いやいや理解したけど大して面白くない……（Oさん）

お笑いは、番組ジャンルの中では、おそらくそれを理解し、楽しむことに、歴史的、民族的、文化的コードの理解、共有が最も深く関わってくるものかもしれない。

ドラマは、部分的には「英語学習のため」という目的を伴って見られることも多いが、アメリカやイギリスのドラマを「楽しみながら」視聴している参加者もいる。海外ドラマを紹介するブログを書いていたというUさんは、むしろ日本のドラマは「ただ消費するもの」で、「視聴後に何も残らない」ものが多いのに対し、海外のドラマは、作りこまれたスケールの大きいものになると、「ハマり方が違う」というくらいに、その作品性や面白さを高く評価しているのである。

しかし、「お笑い」のことになると、日本人に合う、日本人だけが解る、日本人だから笑える、日本人に固有の「本質的な」何かを感じてしまう人が多い。

やっぱこう日本の番組は、笑いのセンスがやっぱり日本人に合うと思うんですよ。こっちのコメディを見ても全然面白くないです。面白さがわからないというか。日本のほうがリラックスして笑える。なんかツボが合うというか。そういうのを見ると、あ……日本人なんだなと思うんですけど、うん。（Pさん）

Morley（2000）は、「母国」を「レトリック共同体」（rhetoric country）と定義したVincent Descombesを紹介しながら、「もしアットホームに感じるところはどこか？　という問いを立てるとすれば、その答えは地理的な領土よりもレトリック的な領土に向かう」（p. 17）と述べている。そしてこの「領土」の中では、「人は背景情報を示さずに他の人に話すことができる。脚注は要らない。少ない言葉から多くが理解される。」というHeller（1995）の言葉を引用しているのである。

お笑いの番組を見ながら改めて気づく日本人の「笑いのツボ」というのは、この「レトリック共同体」の経験に近いのかもしれない。そしてそれを見ながら、腹の底から笑い、アットホームな感じを得るとともに、自身の日本人としてのエスニック・アイデンティティを肯定的に再確認しているのかもしれないのである。

5　訪問のための情報源

ドラマなど、ニュース以外のコンテンツに対しても、娯楽を得るだけでなく、情報を得るための目的で日本のメディアが利用されるケースがあった。例えば、Qさんは、日本で今何が売れているのかがわかるので、日本のコマーシャルを見るのが好きだといっていた。また、ドラマの中に出てくる出演者やニュースのインタビューに出てくる一般の人々が、どのような服を着ているか、またどのようなアクセサリーを身に着けているか、特に注意してチェックするという。日本に帰った時に自分が「浮く」のが心配だからである。

頭のなかで参考にしているというか、こういうものが流行っているんだなと。日本に帰った時に自分が浮くんじゃないかと心配だから。今どういうものを皆が着ているのか。帰る前は、ニュースとかを見て、町のインタビューなんかを見て皆が何を着ているのかチェックしたり［する］。日本にうまく溶け込みたい。（笑い）（Qさん）

Sさんも、「日本に帰った時」に備えて情報を仕入れておくために、日本のメディアを利用している側面があるといっていた。話についていけるようにしておきたいそうである。

日本の（中略）流行りとかはあまり関心がないんですけど、話題というか、一応なんか知っておく必要もないんですけど、とりあえず頭に入れておこうみたいな。日本に帰った時に話についていけるようにとか先のことも考えて。（Sさん）

意識的に（一時）帰国時に「備えて」日本のメディアを情報源として利用しているわけではないが、やはり日本に帰った時のことが日本メディアの利用と関連している状況は他にもあった。Uさんは、日本のテレビを見るようになってから、見ていなかった時にはわからなかった新しい楽しみができたという。

日本のテレビって、コマーシャルとかもそうなんですけど、すごく情報がたくさん。（中略）そういうの見ると物欲が刺激されますよね。あ、今度日本に帰った時にあれ買おうとか。（中略）今度帰ったらあそこに行こうとか。日本に帰った時に楽しみなことが増えましたね。（Uさん）

ここで注目しておきたいのは、日本のメディアを情報源として利用することが、ただ単に日本の状況について「知る」ということに留まらず、実際に日本に帰った時の状況、つまり、日本という地理的な場所に「居る」ということと密接に関連しているという点である。メディアによって媒介される「場所」に対する関心やそれによって得られる様々な心理的効用、情報的価値は、以前その場所にいたという記憶とともに、いつかはその場所を訪れる（かも知れない）という予定や期待から生まれてくる部分があるということである。

より実用的な情報源として日本のメディアが利用される状況もあった。Oさんは、今やっている仕事に、バンクーバー現地のメディアよりも日本のメディアのほうが役に立つと考えている。

日本のほうがここより早いんですよ。日本で流行ったものが一年後とかにやってきたりするから、（中略）常に日本で今何が流行っているのかをチェックして［います］。ニューヨークで流行っているものも日本のメディアのほうがカナダのメディアより早いんですよ。（中略）だから私は仕事上ではそういうふうに使っています。（Oさん）

6　ソーシャルになることの難しさ

フェースブックやツイッターなどのいわゆるソーシャルメディアの利用は全体的に低調のようであった。参加者全員がなんらかのアカウントは持っていても、積極的に投稿をする人は少なく、閲覧のほうもそれほど頻繁になされている印象ではなかった。ソーシャルメディアは、日本にいる友人・知人のネットワークに参加し、関係を維持するための有効な手段になりうるにも関わらず、あまり活用されていなかったのである。フェースブックの場合、ソーシャルメディアとしてよりも e-mail に代わる一対一の気軽な連絡手段として、「メッセンジャー」という機能が好まれて使われているケースがいくつか見られた。

ソーシャルメディアへの投稿は、情報や意見の社会的共有を目的としたものも多く見られるが、個人の楽しく充実した日常生活の一面や自慢したい特別な経験などが主流を成している。したがって、どちらにしても、個人の性格特性によっては、また文化的な規範意識によっては、一種の自己高揚を図っている行為として他人に見られる可能性があることを意識せざるを得ない。そのようなことを気にしているかを直接的に尋ねることはしなかったが、全体的にそのような意識がソーシャルメディアの「ソーシャルな」利用を抑制しているのかもしれない。

ＬＩＮＥの利用も家族に限定される傾向が強かった。ＬＩＮＥの場合、その他のソーシャルメディアに比べ、より同期的に利用されることが多く、日本との間に一七時間（サマータイム実施時期は一六時間）の時差が存在するバンクーバーからは、どうしても時差による制約を受けてしまう。

ラインとかで日本にいる友達が一緒に盛り上がったりしている時に、時差があるから中に入れないときは少し寂しい。日本時間に合わせて参加しようとする努力？　そういうことはしないです。（笑い）（Ｑさん）

また、ネットワークへの常時接続ができない環境も、同期的な利用を妨げる。費用節約のために携帯電話のインターネット利用を電話会社が提供する公衆無線ＬＡＮだけに限定している参加者も多く、そのうちの一人は「繋いだタイミングでしか見れないので」（Ｖさん）ＬＩＮＥをあまり使わないと話していた。

ＩＣＴは、いつでも、どこからでも自身の親密なネットワークに接続し、そこから様々な情緒的サポートを引き出すことを可能にしている。ある意味においては、「応援団」を携帯できるというような状況ともいえるのである。しかし、今回インタビューした参加者からは、日本で作り上げてきた親密なネットワークに接続し、その中で日常的に情緒的なサポートを得ているという状況はほとんど語られなかった。

7　語学と現地メディアの利用

カナダ現地のテレビ放送を見ている人は意外と多かった。ただ、ドラマやバラエティなどの娯楽番組を見ている人は非常に少なく、ニュース番組を見ているという人がほとんどであった。そしてそのニュース番組の視聴目的として、今自分が生活している地域で何が起きているのかをチェックしようとする「環境監視」よりも、「英語学習」を挙げる人が多くいた。

カナダのニュースは、朝見るようにしています。テレビつけて。毎朝ではないですけど。（中略）英語の勉強にもなるし、お客さんとか、その日の話題を話される人もいるから。（Ｗさん）

やっぱり英語を勉強するためにもＣＢＣとか見ますけど、あまりよくわからないです。で

も見るようにはしています。（Tさん）

Zさんはバンクーバーに来て間もない頃は、英語の勉強のために、カナダのニュースを読むことを「無理やり自分に課していた」し、今もインターネットで現地の新聞を読むようにしている。またバンクーバーに来て五ヶ月しか経っていないXさんも、英語に慣れるために、一人で作業をしている間は、ダウンロードした英語のラジオニュースを、繰り返しBGMのように流しているという。

移住した初期の頃は、特に英語学習の意欲が強く、それが現地メディアへの接触における最も重要な動機になっている可能性もある。高校に入る時バンクーバーに来たというPさんは次のように話していた。

こっちに来たばかりのころは音楽の番組をずっと流してた。アニメ専門のチャンネルを流したり。字幕が英語で出ていたから。ニュースはあまり見なかった。全く見てない今は。いつから？……結構長いです。全く見てないです。（Pさん）

昔はちょっと英語勉強してた頃は、わりとドラマを続けて見たりしましたけど、最近はちょっと面倒ですね。ちょっとやっぱり日本のテレビ番組とかを見たほうが気休めになります

ね。特に職場が英語環境なので、帰ってからまで英語で見るのがだんだん辛くなって。（Oさん）

娯楽や情報を得るということよりも、英語の学習が重要な動機になっているとすれば、その動機が弱まるにつれ、当然、現地メディアへの接触は減少していく。

英語学習の動機が弱まるのには様々な理由があろう。英語が上達したからという理由も考えられるし、続けても上達しないからという理由もあり得る。または、高度な英語力がなくても何とかやっていけると思うようになったからかもしれない。ただ、英語が上達すれば、現地メディアから情報を得たり、それを楽しんだりする利用は増えていくであろう。

8　外国の中の「母国」

日系ディアスポラの参加者からも、日本から遠く離れた場所にいながら、日本のメディアが日常的に、同期的に利用できる状況に対して、「日本にいるのと変わらない」という、場所感覚に引きつけられた感想が聞かれた。家族や友達ともいつでも連絡が取れるので、日本から「離れている感じもしない」（Oさん）という。参加者のほとんどは仕事も日本人相手のビジネスだったり、日本語や日本食などのエスニック資源を利用するものに従事していたため、さらにそのような感覚が強められていた。日本のテレビを一日中リアルタイムで流している職場で、バンクーバーに来る日本人向けの情報誌を編集しているUさんは次のように話していた。

あんまり海外にいるような気がしないんですよね。仕事環境はほとんど日本語。「編集している情報誌が」日本語のメディアなので書くのも日本語だし。そうなるとね、あまりカナダにいるような感じがしないんですよね。（Uさん）

筆者が、自分の国のメディアというのは、ある意味一種の「領土」のようなものに似ているという考えを話すと、参加者の一人は、その話でちょうど気づいたというふうに、家のドアを開けて外に出る時、改めて「外国」にいることを自覚するという話をしてくれた。

だから家から出るのが億劫っていうのも、やっぱり家の中にいると、ま、日本にいるみたいなもんですよね。で、そこから出ると、「あーカナダだー外国にいるー」という「感覚に捉われる」。（中略）家の中は自分の国ですよね。食材も日本のもので揃えてそれを食べてたら「なおさらです」。（Vさん）

日本のメディアが揃えられている「私の部屋」は、もはや「比喩」としてではなく、具体的な「身体の感覚」として捉えられる「日本の自宅」と化しているのであり、玄関のドアは、大げさにいえば、「カナダ」から「日本」に戻り、「日本」から「カナダ」に出ていく、国境のゲートにも似てくるのである。

また別の参加者は、筆者が「母国メディア領土説」を説明すると、その考えに強く同感し、次のようなことを指摘した。

まさにこれは植民地主義の話、要するにバーチャルな世界での植民地主義だと思いますけど。（中略）日本語という母国語の壁によってその領土が守られている。（Tさん）

バンクーバーで利用することのできる日本のメディアは、カナダの領土内にできた、物理的な場所を持たない日本の「植民地」と考えることができるという意見である。そして、その植民地の中に日本人が集まり、その中でアットホームな安楽感を感じ、そこからなかなか外に出ようとしないのは、苦労せずとも理解でき、自分を不自由なく表現できる、「日本語」という言葉が共有されているからだというのである。Tさんはさらに、自身はその中に取り込まれないよう力いっぱい「抗っている」とも言っていた。

もちろんこのような反応は、筆者の「領土」という表現にいくぶん影響されたものかもしれないが、移住先で利用できる母国メディアが、自分の国の「お家」にいるような安楽感を与えるとともに、自身のエスニック・アイデンティティやナショナル・アイデンティティを再確認させることを通じて、地理的な場所に対する認識や感覚に重要な変化をもたらしているように思われるのである。

ただ、「領土説」に対しては同意できるけど、必ずしも「日本」を意識しながら、または「母国」ということを意識しながら、日本のメディアを利用しているわけではないと話す参加者もいた。

> 日本がどうのこうのというのは意識していないですよ。友達としゃべりたいからやっているわけで、「日本」と僕をつないでいるものだとは思わない。テレビも、楽しいからとか、お母さんと話をするときに話題になればいいと「思って見ているだけです」。（Zさん）

モノの効用は、それが欠乏している時、鮮明に自覚される。Berelson（1949）は、ストライキによって新聞が配達されなかった二週間の間、購読者にインタビューを行い、新聞の効用を調べたことがあるが、そこでは普段あまり気づかない、新聞というメディアと日常の結びつきが浮き彫りにされていた。想像するだけでは、実際の欠乏状況に遠く近づけないが、もしこれからバンクーバーで日本のメディアが利用できないとしたらどうなると思うか聞いてみた。目立った反応はまず、「日本に対する恋しさが募るだろう」（Oさん）というもので、Rさんは特にその存在感の大きさを強調してみせた。

日本のテレビ見れなくなったら？　ま、寂しいですね。いや、かなり寂しいですね。（笑い）めちゃくちゃ大きいと思いますよ。というかもっと自由に「見られるように」すべきだと思いますよ。（Rさん）

一方で、母国メディアへの没入が、移住先におけるその他の活動を、意欲や時間の面で、制約しているという状況も浮き彫りにされた。パソコンを立ち上げれば、またはすでに電源が入っているタブレットやスマートフォンで、いつでもすぐに見馴れた番組を楽しめるという状況が、新しいことを始めようとする意欲を削ぎ、時間を奪っているというのである。

日本のメディア見れないとしたら？　あ……やっぱちょっと寂しくなるとは思います。でも耐えられると思います。（中略）するともっと別のものに熱中するかも知れません。簡単に見れちゃうからここ（カナダ）のを見なくなり、ここに対する関心が薄くなる。（中略）日本のエンタメを楽しめる状況は、カナダに対する適応を妨げていると。私はそうかもしれないです。私はそうです。（Pさん）

もし動画を見る時間が削れたとしたら、こっちで違う趣味を見つけられるかもしれないですね。こっちで毎回これやりたかったんだというのを置いたままにしているから、（中略）

本格的にやりたいと思っているんですね。そういうのに時間を当てられるようになるのかな。

（Sさん）

以上、第2章と第3章では、カナダのバンクーバーとその隣接市で行ったインタビューおよび観察から得られた資料に基づき、韓国系と日系ディアスポラの母国メディア利用の現状、その利用動機、そしてその利用によってもたらされているいくつかの結果について記述した。

その状況から浮かび上がってくる一つの暫定的な輪郭は、トランスナショナル化する母国メディアによって、旅立ったはずの「母国」に引き寄せられるディアスポラの姿である。ディアスポラとしての実存的状況やアイデンティティによって、利用の仕方や度合いに違いはあるものの、全体としては、母国メディアが張り巡らすシンボリックな環境に囲まれ、時には母国のタイムゾーンに拘束されながら、母国の娯楽を楽しみ、母国の現状を気にし、母国の人々と近況を伝え合うことを通じて、時には嫌悪し、離脱しようとしていた「母国的なもの」、「母国的であること」の存在を再認し、その効用を実感し、さらには活用することで、母国への臨時的な想像上の「帰郷」を果たしているように思われるのである。

そのような意味において、トランスナショナル化する母国メディアは、物理的領土から離脱した人々を、再びその中に呼び戻す、シンボリックに拡張された「領土」のように作用しているといえるかもしれない。

ただ、だからといって、そこから逃れることのできない、何か宿命的なものをディアスポラの人々がそのまま認め、受け入れているようには見えない。母国的なものに絡め取られ、ホスト社会で孤立し、いつかは果たすべき帰郷を夢見ながら、憂鬱な日々を耐え忍んでいるわけではないのである。むしろ、複数所属性がもたらすメリットを様々な次元で享有し、さらにそれを足場にして、戦略的な未来を展望し、その実現に向けて努力しているというのが実情に近い。

人生の最後は国に戻りたいかという質問に対し、はっきりとその意向を示したのは、今回の参加者の中では少数派で、多くは、できれば母国とカナダを往復しながら、またはさらに別の国へ移住し、それぞれの国の間を行き来しながら過ごしたいという希望を語っていた。

馴染みやすく、心地良い母国の文化に引き寄せられながらも、境界の外に出た者にのみ備わる視点から母国を対象化し、母国を凌駕する移住先の長所を幾度となく想起し直しながら、ディアスポラの人々は、置いてきたものも、新しく手に入れたものも手放さずにいられる賢い生き方を模索し続けているのかもしれない。

第4章　場所、メディア、ディアスポラ

1　場所とメディアの相互規定

ディアスポラとメディアをつなぐキー概念の一つは、場所（place）である。ディアスポラは、生まれ育ったところを離れ、異郷の地に「住む場所」を変えた人々であり、メディアは、その本質的な機能の一つとして、ある場所から別の場所にメッセージを運び、その場所の間をつなぐものだからである。したがって第4章では、場所とメディアの関連について考察したいくつかの論考をレビューし、それがディアスポラの文脈にどのような視点を提供してくれるものかについて考えてみたい。ディアスポラとメディアが重なりあうところに「場所」という概念が存在することを思いついた時、Mooresの*Media, Place and Mobility*（『メディア、場所、そして移動』）という著書に出会った。次節以降で詳しく取り上げるが、この章は、基本的に、彼の議論から多くの示唆を得て書かれたものである。

Adamsは、著書『メディアとコミュニケーションの地理学（*Geographies of Media and Communication*）』（2009）の冒頭で、場所、そして空間とメディアの関係を探求する四つのアプローチを紹介している。空間におけるメディア（media in space）、メディアにおける空間（spaces in media）、場所におけるメディア（media in places）、メディアにおける場所（places in media）というのがそれである。

ここでは後者の二つのアプローチだけに注目するが、「場所におけるメディア」とは、ある場所においてどのようなコミュニケーション、どのようなメディアの利用が、技術的に、規範的に、文化的に、許され、排除されるのか、そして、それによって場所の境界が策定・再策定される過程に目を向けるアプローチである。それに対し「メディアにおける場所」というアプローチでは、メディアによって伝わる場所のイメージ（place image）が関心の対象になると彼は説明している。ある場所が、メディア上でどのように符号化され、表象されるのかということである。

また、Fornäs ら（2007）は、『メディアを消費する――コミュニケーション、ショッピング、日常生活』（*Consuming Media*）の中で、メディアと場所の関連性について次の三点を指摘している。

一つ目は、人とメディアの連携、すなわちメディア利用は、すべて空間的に文脈づけられるというものである。場所は、メディア利用を制限し、枠付ける。と同時に、そのメディア利用は、ある空間を、意味を持つ地理的場所として、社会的世界として、構成する。これは、Adams のアプローチでいえば、「場所におけるメディア」に対応するものであるといえる。ただ、Fornäsらは、さらに一歩進めて、場所がメディアコンテンツの受容過程にも影響を与える可能性に言及する。

このように、メディアが利用可能な時、そして実際に利用される時、その利用場所は利用に干渉する。メディア利用に対してなされる解釈に影響を与えながら。読む場所、聴く場所、観る場所は、メディアのテクストが与える意味や楽しさに対して中立的ではないのである。

家で、学校で、電車の中で、または休暇中に、テクストを読むことは、そのテクストがどのように経験され、理解されるかに違いをもたらすのである。そのような「場所と利用との間の」リンクが意識的に記憶されない時でも。（p. 148）

二つ目は、メディアは場所と空間を表象し、それらに意味を与えるというものである。これは、Adams の枠組みでは、「メディアにおける場所」に該当するものであるが、Fornäs らは「事実、どの場所や空間も、そこに付与された象徴的な意味なしに、純粋な形で認識され、経験されることはない」（p. 148）と、場所の表象が我々にとって必然的にある意味を帯びることを強調している。そしてさらに、メディアによる場所の表象は、場所や空間のアイデンティティを形成し、修正するという目的の下に、計画的に、戦略的に用いられることがあるとも指摘している。

三点目は、メディアの利用が社会的空間を作り出すというものである。この指摘は、メディアの利用が場所の境界を（再）策定するという Adams の指摘と似ているようにも見えるが、Adams が、ある場所におけるメディアの利用をめぐる社会的な規範の順守や違反が、その場所の定義に跳ね返ってくることを問題にしているのに対し、Fornäs らは、後ほど詳しく紹介する、「場所の二重化」（doubling of place）に近い考え方を示している点で異なっている。「携帯電話は地理的空間を分割して「会話の空間」を形成する。物理的に遠く離れた場所にいる人とを結び、回りにいる人とを分離する形で。」（p. 148）このような例示は、メディアを利用することによって、（地理的場所が分割されるというよりは）一つの地理的場所の中に、「ここではない別の場所」との間で社会的相互作用が行われる新たな空間が作られるという意味として理解できる。そして彼らは、ある場所の中に別の場所を作り出すメディアのこのような働きは、「しばしば超国境的な、移行ための接続に開かれているドアのようなもの」（p. 149）であると述べ、特にディアスポラの文脈におけるメディアの場所連結、場所創造機能に注目しているのである。

Adams と Fornäs らの以上の話を総合すれば、（a）場所とメディアはお互いを規定する関係にある、すなわち、メディアの利用は場所に制限され、場所のイメージやアイデンティティはメディアの表象に規定される。（b）そしてその相互規定的な関係の上で、メディアは（地理的）場所の中に（象徴による）場所を作ることで、「場所を二重化（さらには多重化）」するというふうにまとめることができよう。

ディアスポラのメディア利用という研究領域を、「場所」という概念に着目して、このような枠組みに基づいて整理してみることは、この領域に対する体系的な展望を得るのに有益であると考える。

まず、ディアスポラの人々は、居住しているホスト社会において、技術的に、制度的に、社会文化的に、どのようなメディアを利用することができ、またできないのか。特に、母国、故郷、ホームへ接続できるメディア環境がどのようになっているのかということが、ディアスポラとの関連では重要な部分になるだろう。

次に、ディアスポラが利用しているメディアにおいて、ホスト社会およびホーム社会は、どのように表象されているのか。また、ディアスポラの人々は、それぞれの場所を、自ら、どのように表象しているのか。ニュースやドラマ、映画、広告、旅行情報など、マス・メディアにおけるそれぞれの場所の表象も重要な問題であるが、ソーシャルメディアやパーソナルメディア上で個人によって行われるそれぞれの場所の表象にも注目する必要がある。場所の表象をめぐる問題は、ディアスポラにとっては、移住への決断、移住先の選択、移住先における生活への満足、そしてその結果として形成されるディアスポラのアイデンティティや自尊感情などに影響を与える重要な問題である。

そして、三つ目の問題として、ディアスポラの人々は、特定のメディア環境の中で、特定のメディア利用行動を行うことを通して、移住国／ホスト社会／居住地という場所と母国／故郷／ホームという場所をどのように経験するのか、という問いを設定することができる。特に、エスニックメディアや母国メディアの利用によって、ホスト社会とホーム社会が、ディアスポラの人々にとってどのような場所になっていき、またディアスポラの人々は、それぞれの場所を、どのような場所として作り上げていくのかということは、ディアスポラとメディアに関するこれまでの研究ではあまり注目されてこなかった、興味深い問題の一つである。

このような三つの問題を分析する際に、ディアスポラの様々な実存的条件を考慮する必要があることは言うまでもない。ディアスポラ個人の経済的、イデオロギー的、世代的、言語能力的、家族構成的、ナショナル／エスニック・アイデンティティ的な条件を含む、個人の様々な実存的諸条件は、上記の三つの問題に大きな違いをもたらし得る、重要な要因である。

そして最後に、このようなメディアの利用とそれを通じた場所の経験が、ディアスポラの人々が実践し、希望し、展望し、計画する現在や未来の生活、さらなる移動や往来の諸側面とどのように関わってくるのかに目を向けることも、これから求められる重要な研究課題の一つであると思われる。

2 電子メディアと「場所なき」(placeless) 世界

ディアスポラとしての生き方と場所の関係、そしてそれに対するメディアの関わりを考える上で、Meyrowitz (1985) の議論は一つの出発点になる。Meyrowitz は、著書『場所感の喪失——電子メディアが社会的行動に及ぼす影響 (*No Sense of Place*)』の中で、ラジオやテレビのような電子メディアが、社会的行為をどのように変化させているかについて検討している。彼はそのために、Goffman の「状況主義的」社会的相互作用論と McLuhan のメディア理論を統合し、新しい説明を導き出そうとしている。

単純化すれば、彼の主張は以下のように整理することができる。我々の社会的行為は、「シチュエーション」に規定される。ここでシチュエーションというのは、端的にいえば、「どこに誰といるのか」ということである。例えば、客が見ているレストランのホールと客からは見えない厨房の中とでは、ウェイターの振る舞いが異なるように、ある場所に誰と一緒にいるのかというシチュエーションは我々の社会的行為に影響を与えているのである。厨房におけるウェイターの振る舞いが客には見えないということ（舞台裏への接近が遮断されているということ）が、客とウェイターという社会的役割の「共演」を成立させているともいえる。

しかし、電子メディアの登場によって、今までは隠されていた様々な「舞台裏」が露呈されるようになった。これまでは異なる場所で、異なる相手に合わせ、見えないようにしてきた舞台裏の様子が、電子メディアによって一気に拡大したオーディエンスの前に開示されるようになってしまったのである。それによって、様々な（Meyrowitz によれば、男性性と女性性の区分、子どもと大人の区分が曖昧になり、権威のヒエラルキーが崩れるなどの）社会変動が起きた。

各々の社会的相互作用を規定していた物理的場所は、もはや電子メディアの登場によってその影響力を失い、「場所なき文化」が到来したというのである。

彼はメディアのメッセージではなく、メディアそのものの、媒体としての特性が社会変動をもたらす仕組みを、Goffman の理論を援用して説明しようとしたのであるが、これではむしろ、社会変動をもたらすのは「舞台裏を開示する」メディアの「メッセージ」ということになってしまうように思われる。

Meyrowitz の議論の中で、むしろ注目すべきは、他にある。電子メディアが登場する以前は、物理的場所と社会的「場所」（社会的相互作用が起きる場所）が一致していたが、電子メディアの登場によって、それが分離したということ、そしてそれによって、我々のアイデンティティに対する物理的場所の拘束が弱まったという指摘である。

このような「人々の間に存在する」差異は、異なる人々の異なる場所における孤立によって維持された。あるロケーションにおいて可能となる特定の限定された経験に基づいて、異なる社会的アイデンティティが導かれたのである。電子メディアは、多くの異なる人々を同じ「場所」へ連れて行くことによって、以前ははっきりしていた社会的役割の区別をぼやけさせてきた。電子メディアは、そのコンテンツを通してではなく、社会的生活のシチュエーションにかかわる地理（situational geography）を変化させることによって、我々に影響を与えている。（p. 21）

電子メディアが発明される前におけるコミュニケーションは、ある意味、交通と一体化していた。相手にメッセージを伝えるためには、相手に会える場所まで歩くか、馬を走らせるかなどして、とにかく移動しなければならない。交通網は連絡網であり、移動のスピードがすなわちコミュニケーションのスピードであったのである。離島や山奥、酷寒の地など、地理的条件が厳しい場所は、交通的接近性、すなわちコミュニケーション的接近性が低く、より孤立した、独自の情報的世界の中で、独自の経験をし、独自のアイデンティティを形成させたであろう。地理、距離、気候、交通網など、場所にまつわる様々な要因が、我々の社会的相互作用、そしてそこから生まれてくる社会的アイデンティティを形作っていたのである。

このような状況が、大きく変化した。電信、電話、ラジオ、テレビ、コンピュータ通信などの電子メディアの登場によって、相手がどこにいるのか、どれくらい離れているのか、どのルートを辿れば届くのかなど、考える必要もなくなった。どこにでも同じメッセージを届けられるようになり、地理的条件によって作られていた情報世界の差異も、したがってそれに基づいて出来上がっていたアイデンティティの差異も、なくなっていった。社会的相互作用に対する場所の影響の消滅、これがGoffmanとMcLuhanの助けを借りて、Meyrowitzが看破した、「場所なき世界」の到来である。

もっと単純かつ直裁的な意味で、マスメディアと「場所なき世界」の関連を論じている学者もいる。例えばRelph（1976）は、観光客のためのランドスケープや買い物客向けの施設など「他者志向的場所」の増加やランドスケープの画一化、標準化の傾向を没場所性（placelessness）という概念で捉え、マスメディアがそのような傾向を助長していると指摘する。ランドスケープの画一化や標準化を支えている趣向やスタイル、態度や価値観をマスメディアが拡散させているというのである。Augé（1995）は、メディアの影響をそれほど強調しているわけではないが、定住ではなく経由のために存在し、出会いではなくすれ違いのために存在し、ともに暮らし、ともに記念するためではなく、ただ空間的に併存するために存在し、そこにいても誰なのかを問われない

「非場所」(non-place)が増えていることを文明批判的に論じている。

このような「場所消滅論」、すなわち、交通や通信技術の発達による移動性・接近性の増大や市場・効率・消費を称える価値観の深化による機能性の追求が、それぞれの場所の固有の文化、ローカリティ、アイデンティティをなくしているという主張について、Moores(2012)は、アーキテクチャ決定主義・環境決定主義の嫌いがあると批判する。現象学的地理学の成果によれば、場所の意味やアイデンティティ、特色、そしてそれに対する愛着は、ランドスケープやアーキテクチャのような外観的、物理的環境ではなく、その場所において行われる身体的な反復的実践によって達成されるものだからというのが、その批判の論拠である。

そしてメディアを、時空間を圧縮し、画一化し、「場所なき世界」をもたらすものとしてではなく、メディアそのものを一つの「場所」として捉え、物理的場所の中に別の場所を持ち込んで二重化し、物理的場所と交差し、統合する現象に目を向けるべきであると主張している。

このようなMooresの主張は、ディアスポラの母国メディア利用が、ホスト社会やホーム社会をどのような場所として経験させ、新しい地での日常の構築にどのように関わるのかを考えていく上で、重要な示唆を与えてくれるものである。

3　場所の二重化、多孔化

Scannell(2013)は、『テレビジョンと「ライブ」の意味——人間の状況への探求(*Television and the Meaning of 'Live')*』という著書において、「テレビをつけること」の意味について詳細な考察を行っている。これは現象学という思考法、分析法がどのようなものであり、それによって何を明らかにすることができるのかを、テレビ受像機を事例に取ってデモンストレーションしていると いう趣の記述でもあるが、「テレビをつけること」に対する現象学的考察から見えてくる第一点目として、以下のようなことを述べている。

テレビをつける前に、私は部屋の中にいる。すなわち私は「私の場所」と「私の時間」の中にいるのである。テレビをつけた後は、私は、「テレビの時間と場所」の中にいる。(中略)ラジオとテレビに関する驚くべきことは、私が、ある時、同時に、二つの世界にいるということである。私の世界とテレビの世界に。(中略)テレビをつけることで、私は二重化した空間性と二重化した時間性に入る。私がいる「ここ」(部屋の中)と、それがどこであれ、テレビの「あそこ」とに。(p. 63)

放送は、(ラジオもテレビも)これまでになかった、拡張された空間性と時間性を作り出す。どのラジオ聴取者とテレビ視聴者も二つの世界と時間の間を行き来することができ、行き来している。彼ら自身の時間と世界の時間、彼ら自身の世界と、それがどこであれ、放送の世界とを。これが、過去半世紀において、我々の世界を定義し、そして伝えてきた、ラジオとテレビのユニークなコミュニケーション的アフォーダンス（communicative affordance）なのである。（p. 63-64）

つけられる前のテレビは、モノとしてのテレビ受像機であり、我々は、多くの場合、横長の、黒いプラスチック製の枠にはまったガラス板が、台の上に載せられている物体を見ることができる。しかし、つけられた瞬間から、我々は、テレビ受像機という物体を見続けることができなくなる。モノとしてのテレビ受像機は自分の姿を隠し、我々はテレビ受像機ではなく、テレビの画面に映し出される「世界」に入っていくのである。そしてこの視聴の間、我々がいる場所（Scannell は「空間性」としているが、ここは地理的具体性を除去した抽象概念としての空間というよりは、場所という概念を使うべきであろう。どこどこにある特定の地点としての私の部屋に、例えばもし放送されている番組がサッカーの中継であったとすれば、どこどこにある特定の競技場が現れ、私の部屋という場所が二重化されるということである）と時間は、テレビによってもたらされる場所と時間によって二重化される。

このような Scannell の分析は、特別新鮮なものでも、考えつくのが困難なものでもないが、当たり前すぎて、普段気にせず、改めて考えないから、逆に意識化されなくなってしまったことなのかも知れない。そしてそういう当たり前すぎて、意識化されなくなり、見えなくなってしまっている現象（の本質）を、わざわざ一つ一つ掘り起こし、「世界のありよう」を洞察しようとしているのが現象学の目指すものでもあろう。

場所の二重化という考え方は、ラジオやテレビ以外の他のメディアにも適用可能である。手紙や電話、メール、そして最近のインスタント・メッセンジャーに至る、対人的でパーソナルなコミュニケーション・メディアも、相手のいる場所に対する想像を呼び起こすだろうし、場合によっては、写真や映像などで、相手のいる場所をそのまま映し出すことだってできる。ソーシャルメディアなどは、さらにそのような傾向が強いという特性がある。ラジオやテレビのように一方向的なメディアよりも双方向性が高いから、双方の場所を二重化すると考えることもできる。そもそもメディアというものの本質的アフォーダンスは、「ここ」(here)と「ここではない別のところ」(elsewhere)をつなぎ、それぞれの場所を二重化、さらには多重化することにあるのかもしれないが、具体的なメディア利用の実態や経験にそれがどのように現れるかは改めて検証する必要があろう。第2章と第3章で紹介した、バンクーバーに暮らす韓国、日本出身のディアスポラの人々の語りの中には、このような場所の二重化の経験を示しているものが数多く存在する。「韓国にいるのと変わらない」、「部屋の中は日本」というような発言には、単なる比喩的表現を超えた、実体のある身体的感覚が込められているのである。

Moores (2012) も、ラジオとテレビに対するScannellの「場所の二重化」というアイデアは、その他のメディアに広げられると主張している。その主張を裏付ける研究の一つとして、彼は電車の中における携帯電話の使用や公の場所における「ウォークマン」の利用についてSchegloff (2002)

が行った分析を挙げながら、パブリックな空間の中でプライベートな空間が作られ、さらにその空間が交差し、衝突する現象に注目する。コールセンターにおける労働の事例（Cameron, 2000）では、労働者が顧客と交わす会話が成立している場所（アメリカにいる顧客が、アメリカのどこかにあると思っているが、実はインドにあるコールセンターで働いているインド人の労働者と会話を交わしている状況において想定される場所）が、その会話を訓練したり、調教したり、監視する「現場」という実際の場所と交差しているとMooresは考えている。二つの場所がただ並列して同時に存在する現象ではなく、二つの場所が互いに関わり合い、交差する現象に対する彼のこのような指摘は、メディアと場所の関係に対する新たな研究の視座を導くものとして注目に値する。

他にも彼は、様々な事例を検討している。Turnock（2000）が行ったダイアナ妃の葬儀のテレビ中継放送視聴者に対する調査については、多くの人々が仕事や日常を中断して、長時間にわたり、テレビを見続けていたこと、そして、自宅という物理的場所で発生する出来事が、度々テレビの中の場所から視聴者を連れ戻していたこと（例えば、ぐずる赤ちゃんを夫婦で交代であやしながら、葬儀の中継放送を見続けたという視聴者の語り）を、物理的場所とメディアの場所との交差として捉えているのである。

さらに、インターネット上のコミュニケーションについては、それが現在の居住地やそこで形成されるアイデンティティと密接に結びついているという発見（Miller and Slate, 2000）、「サイバースペース」は、それ自体として成立している独自の空間というより、オフラインにおける関心や活動を拡大できる「もう一つの社会的空間」であるという観察（Kendall, 2002）などを参照し、メディアの場所と地理的場所の連携、統合の現象にも関心を向けている。Scannellが放送メディアに対する現象学的分析から導いた場所の二重化というアイデアを、様々なコミュニケーション・メディアに拡大適用し、さらに単なる二重化ではなく、二重化された場所の間の交差、衝突、連携、統合の現象へ問題の地平を広げようとしているのである。

場所とメディアの関係を考える上で、「開かれた場所」というMassey（1994）の視点も、新しい手がかりを提供してくれる。場所は境界によって区切られ、閉じられたものではなく、その場所に存在する様々なモノによって別の場所とつながっており、そのような別の場所とのつながりが、その場所の具体性や独自性を構成する一つの要素であると彼女は主張する。「ある場所の特殊性は、その周りに境界を引いたり、その境界の外側にある別の場所との対置を通じて定義されるアイデンティティではなく、まさにその「外側」との連結や相互接続の混合がもたらす具体性を通じて、（部分的には）築かれるものである。このように捉えられる場所は、開かれており、多孔的である」（1994, p. 5）と。

彼女が考えている「外側への連結や相互接続の混合」とは、例えば、外国の新聞を置いているキオスクだったり、服屋のウインドウに見えているインドの民族衣装のディスプレイだったり、店番をしている外国人だったり、さらには空港に近いせいで航空会社が識別できるほど低く飛んでいる飛行機だったりするのである。このように、ありとあらゆるものを通じて、ある場所はここではない別のどこかと想像的に、物理的につながっており、それらをも含めた全体として、ある場所の特色を捉えるべきであるというのが彼女の主張なのである。さらに彼女は、場所の特色、場所のアイデンティティは、単数・固定的なものではなく、複数・可変的なものであり、それらが競合しながら存在していると考えている。特に、階級やジェンダーなどの社会的集団の分割が、場所に対する異なった経験をもたらすことで、場所のアイデンティティもまた異なった形で知覚されることに彼女は注目している。

Massey の例にも挙げられているように、場所を開かれたものにし、多孔的なものにする上で、最も大きな役割を果たすのはやはり様々なメディアであろう。逆にそういう働きをするものをメディアと定義づけてもいいのかもしれない。そしてディアスポラの人々にとって、移住した場所がどのように経験され、その場所のアイデンティティがどのように定義されるのかという問題は、移住した場所においてどのようなメディアが利用できるかを含め、その場所に「外側」とつながるどのような「孔」がどれくらい開いているのかということに左右されるといえる。特に、ホーム、故郷、母国につながるメディアがどのような形で、どれくらい利用可能であるかは、移住先での居住の安楽感を決定づける重要な要素になるであろう。

4 仮想的場所への愛着

メディアによって媒介される仮想的な場所に対しても、地理的な場所と同じように「愛着」を育むことができるのか。Moores（2012）は人文地理学の成果を参照しながら、この問いについて検討している。

彼が特に依拠しているのは、Yi Fu Tuan（1979）の考察である。Tuan は、ある場所において日々繰り返される動きやある場所の間の移動における軌道（path）と、その軌道上に存在する停留点（pause）が、愛着の持てる「場所」を構成すると主張しているが、Moores が特に関心を示すのは、写真や映画、物語や小説、音楽などの、メディア・コンテンツの利用に関する Tuan の議論である。ある写真に繰り返し「訪れる」うちに、そのイメージに「想像的に留まる習慣」が形成されるという話や、特定の映画作品を繰り返し鑑賞することで、その映画が「自分の帰る場所」のように感じられてくるという Tuan 自身の経験談などを踏まえ、Moores は場所を、単なるロケーション以上の「経験的達成」として捉えようとする。そして、Tuan が特定のメディア・コンテンツに対して生まれてくるこのような愛着を、場所への愛着に「比喩的に」のみ結びつけていることに不満に述べるのである。

私の観点からだと、Tuan が彼の洞察に富んだ分析を、他のメディア環境における経験をも含むように拡張しなかったことは残念なことである。写真、映画、フィクション、音楽に関する議論の中で、彼が様々な場所に対して序列付けを行ったこともやはり残念である。この序列付けにおいて、価値ある物理的環境には特権的な地位が与えられたのに対し、意味あるメディア環境には「代理的な場所」(surrogate place)、または「場所みたいなもの」(cousins to place)という劣等な地位が与えられた。個人的に私は、なぜ場所類型の一般的ヒエラルキーが必要なのかわからない。(p. 31)

物理的場所に馴染んでいく過程を、メディアに対しても全く同じように適用するよう、彼は求めているのである。そして、毎日、紙の新聞を手にとって読んでいる読者を例に、次のように説明する。

読者はもちろんニュースという「新しい」情報を求めて新聞を読んでいるだろう。だが、毎日毎日新聞を読むというその「行為」に対してより重要な関連を持つ要素は、新聞の「変わらない」部分なのかもしれない。変わらない紙面のレイアウト、紙面の順序、定期的に投稿するジャーナリストやコラムニストの文体などの要素は、読者に見馴れた安心感を与え、その新聞というメディアの「中で」、どこに行けば何があり、その間をどのように動きまわればいいのかという「方向感覚」の獲得を助けるのであると。

Moores にとって新聞を読むという行為は、まるである街の中を歩いているようなイメージに近い。何度も通るうちに、どこにどういう建物や路地があり、どの角を曲がればどこに辿り着けるかを身体で覚えていくような、物理的「場所」への馴染みやそこから生まれてくる愛着を、日常的に繰り返されるメディアの利用行動へ広げようとしているのである。

紙の新聞だけではない。ラジオやテレビ、パソコン、スマートフォン、タブレット、その中に入っているソフトウェアやアプリ、そしてそれを通じてアクセスするインターネット上の様々なコンテンツ、このようなすべてのメディアおよびメディア・コンテンツの、日々繰り返される反復的・習慣的利用においても、同じような場所感覚と愛着を見つけることはできるであろう。

ただ、ここで注意すべきは、メディアによって媒介されるある「場所」についての話と、メディアの「場所」化、すなわちメディア（またはメディア・コンテンツ）そのものが、まるで馴染みのある場所のように感じられるという話とは、区別しないといけないという点である。メディアによって媒介される「ここではない」どこか別の場所に対しても、今まさに身を置いている「ここ」という地理的な場所に対するものと同じような、愛着やつながりや所属感を育み維持することができるのかという問いに対し、「繰り返し利用すればメディアだって馴染みのある場所みたいになる」というのでは、全く答えにならないのである。ある場所への愛着がその場所に対する反復的な往来や巡回から生まれてくるという観点をこの問題に適用したいのであれば、少なくとも、メディアによって媒介される場所への、想像的で仮想的な訪れや帰還の反復が、地理的場所への実際的で身体的なそれと同じような効果を生み出し得るという説明をすべきであろう。

この問題を考える上で、Edensor（2002）の議論は興味深い視点を提供してくれる。Edensor（2002）は、ナショナル・アイデンティティを形成させる実践の一つとして、日常生活における「同期化された実行」というものを挙げる。同じタイムゾーンに属する地域において、人々は、時間軸に沿って構造化されている日常の様々な行動を共に行うことによって——すなわち何らかの行動を同期的に実行することによって——同じ共同体の成員としてのアイデンティティを獲得できると主張しているのである。

七時頃から九時までの時間帯には学校や職場に向かい、一二時頃まで勉強や仕事をする。そして一時間ほど皆が同じ時間帯にお昼を食べ、午後六時頃までまた勉強したり働いたりする。その後は多くの人が家族や仲間で集まり、食べたり、飲んだり、テレビを見たりしながら、同じ時間帯を過ごす。このようなありふれた日常の反復的行動が、人々の間で「同期的に実行される」ことが、ナショナル・アイデンティティ形成の基盤になっているとEdensorは見ているのである。

日常におけるこのような同期化された実行は、「時間の断片化、国家や資本によって統制されてきた時間割の脱中心化」(p. 97)によって、そして働き方の多様化や深夜経済の拡大によって、過去に比べてかなり緩くなってはいるものの、経験の時間的規則性はなおも持続していると彼は主張する。

そして、このようなことは、メディアの利用行動においても同じように起きていると彼はいう。日刊紙の講読、同期的なテレビ視聴の習慣が、膨大な規模で、人々を特定のスケジュールに従わせていると指摘するのである。メディアのスケジュールに同期化された時間割作りを「家庭における全国標準時間の受け入れ」と呼んでいるMoores(1988)の考えと、テレビが社会生活を再生産し、ナショナルな規模で公共的な社会的世界を組織し、調整するとしたBarker(1999)の主張を踏まえ、Edensor は次のように主張する。「テレビは、したがって、ローカルな文脈における視聴者が、自身も、彼ら自身のルーチンと共鳴する、共有されたナショナルな経験の一部であることを感じることのできる手段なのである」(p. 97)。そして、テレビは「ナショナルな共同体における神聖な、そして世俗的な瞬間を作り出すことを通じて、その成員たちのプライベートな生活に国民をつなぎ、持ち込む」という Morley (2000: 107) の主張に支持を表明しているのである。

その Morley (2000) は、スウェーデンやイギリスの全国ラジオ放送の役割についての考察を踏まえ、次のようにも述べている。「したがって全国放送は団結の感覚を作る。そしてネーションの周りにその団結に相応する境界が存在するという感覚も。それは、周辺を中心につなぎ、以前は一部の人々に限られていた社会的出来事を大衆の経験に変えるのである」(p. 107) と。

ナショナルな規模でなされる日常的なテレビ視聴の同期性、すなわち同じ時間帯に同じメディアを利用するという集合的経験と、テレビ視聴によってなされるナショナルな時間の共有——すなわち全国規模で予定されている様々な政治的・社会的・文化的イベントや法定休日、記念日、さらには季節の移り変わりなど、いわゆるカレンダー時間の共有——が、必ずしも明確に区別されて論じられているわけではないが、そのいずれであっても、あるいはその両者ともに、ナショナルなメディアの日常的利用が、ナショナル・アイデンティティの形成や維持に関わる仕方を理解する上で、重要な手がかりになると思われる。

シンボルによって媒介される「場所」への、想像的で仮想的な訪れや帰還の反復、そしてそれを通じてその場所のタイムゾーンに同期化された日常を送っているという自覚、またその場所において経験されていることを自身も共有しているという認識が、その場所への愛着やつながりや所属感を育み、その場所にいる他の成員との一体感を生み出している可能性を想定することができるのである。

ディアスポラの母国メディア利用に対しても、以上のような議論を適用することができよう。ただ、母国メディアが媒介する母国や故郷という場所は、これから愛着を育んでいくべき「新しい場所」ではない。そこは、既に何らかの感情的結びつき（それが愛着か嫌悪かは別にして）が存在する場所なのである。またその場所への所属感やそこにいる人々との一体感も、これから築いていくという場所ではないのである。だから、母国メディアがディアスポラの人々に果たしていることは、むしろそれがなければ薄れていったかもしれない、その場所やその場所にいる人々との感情的結びつきや所属感や一体感を回復し、蘇らせ、一時は逃れようとしたかもしれないその場所へ再び呼び戻し、包み込み、つなぎ留めておく仮想的に拡張された「領土」、国境なき地平に象徴的に、想像的に広げられた「領土」のような働きなのかもしれないのである。

Human Situation. Cambridge: Polity Press.

Schegloff, E. A. (2002). “Beginnings in the Telephone”. In Katz, James E., and Mark Aakhus (eds.). *Perpetual Contact: Mobile Communication, Private Talk, Public Performance*. Cambridge: Cambridge University Press, 284–300.

Shi, Y. (2005). “Identity Construction of the Chinese Diaspora, Ethnic Media Use, Community Formation, and the Possibility of Social Activism”. *Continuum*, 19 (1), 55–72.

Tuan, Y. (1979). *Space and Place: the Perspective of Experience* (2nd ed.). London: Edward Arnold.〔イーフー・トゥアン著，山本浩訳（1988），『空間の経験――身体から都市へ』，筑摩書房〕

Turnock, R. (2000). *Interpreting Diana: Television Audiences and the Death of a Princess*. London: British Film Institute.

Yin, H. (2013). “Chinese-language Cyberspace, Homeland Media and Ethnic Media: A Contested Space for Being Chinese.” *New Media Society*, 17 (4), 556–572.

Yu, S. (2012). *Diasporic Media in Multicultural Cities: A Comparative Study on Korean Media in Vancouver and Los Angeles* (unpublished doctoral dissertation). Simon Fraser University, British Columbia.

박소라 (2008). 이민 2 세 청소년의 미디어 이용, 정체성과 문화적응의 관계에 대한 실증적 연구. 한국언론학보, 52 (6), 237−257.

양정혜 (2000). 재미 한인 여성의 미디어 사용 - 국제결혼 여성의 한국 비디오 사용을 중심으로. 한국방송학회 학술대회 논문집, 22-31.

※参考文献のなかで日本語で翻訳出版された単行本があるものについては、翻訳書の書誌情報も併記した。尚、本文中の引用は、すべて筆者が原著から訳出したものである。

Korean-Chinese Diaspora: The Case of Shanghai and Tokyo". *Keio Communication Review*, 36, 21–36.

Lee, J., & Lee, K. (2015). "Multilingual Experiences, Media Consumption, and Transnational Identity in a Double Diasporic Context: The Case of Korean-Chinese in Japan". *Keio Communication Review*, 37, 27–39.

Massey, D. (1994). *Space, Place and Gender*. Cambridge: Polity Press.

Meyrowitz, J. (1985). *No Sense of Place: The Impact of Electronic Media on Social Behavior*. New York: Oxford University Press.〔ジョシュア・メイロウィッツ著，安川一，高山啓子，上谷香陽訳（2003），『場所感の喪失――電子メディアが社会的行動に及ぼす影響』，新曜社〕

Miller, D., & Slater, D. (2000). *The Internet: An Ethnographic Approach*. Oxford: Berg Publishers.

Moores, S. (1988). "The Box on the Dresser': Memories of Early Radio and Everyday Life". *Media, Culture & Society*, 10 (1), 23–40.

Moores, S. (2012). *Media, Place and Mobility. Houndmills, Basingstoke,* Hampshire: Palgrave Macmillan.

Moores, S., & Metykova, M. (2009). "Knowing How to Get around: Place, Migration, and Communication". *The Communication Review*, 12 (4), 313–326.

Moores, S., & Metykova, M. (2010). "'I Didn't Realize How Attached I Am': On the Environmental Experiences of Trans-european Migrants". *European Journal of Cultural Studies*, 13 (2), 171–189.

Morley, D. (2000). *Home Territories,* London: Routledge.

Ogan, C. L. (2001). *Communication and Identity in the Diaspora: Turkish Migrants in Amsterdam and Their Use of Media*. United States: Lexington Books.

Relph, E. C., & Relph, E. (1976). *Place and Placelessness*. London: Pion.〔エドワード・レルフ著，高野岳彦，阿部隆，石山美也子訳（1991），『場所の現象学――没場所性を越えて』，筑摩書房〕

Sankaran, C., and S. Pillai (2011). "Transnational Tamil television and diasporic imaginings." *International Journal of Cultural Studies*, 14 (3), 277–289.

Scannell, P. (2013). *Television and the Meaning of 'Live': An Enquiry into the*

参考文献

Adams, P. C. (2009). *Geographies of Media and Communication.* West Sussex: Wiley-Blackwell.

Aksoy, A., & Robins, K. (2000). "Thinking across Spaces: Transnational Television from Turkey." *European Journal of Cultural Studies*, 3 (3), 343–365.

Appadurai, A. (1996). *Modernity at Large: Cultural Dimensions of Globalisation.* Minneapolis, MN: University of Minnesota Press. 〔アルジュン・アパデュライ著，門田健一訳（2004），『さまよえる近代――グローバル化の文化研究』，平凡社〕

Augé, M. (1995). *Non-places: Introduction to an Anthropology of Supermodernity.* New York: Verso Books.

Barker, C. (1999). *Television, Globalization and Cultural Identities.* Philadelphia, Penn: Open University Press.

Berelson, B. (1949). "What Missing the Newspaper Means." In P. F. Lazarsfeld & F. N. Stanton (eds.). *Communication Research 1948–1949.* New York: Arno Press, 1979, 111–129.

Cameron, D. (2000). *Good to Talk? Living and Working in a Communication culture.* London: Sage Publications UK.

Edensor, T. (2002). *National Identity, Popular Culture and Everyday Life.* Oxford: Berg Publishers.

Elias, N., & Lemish, D. (2011). "Between Three Worlds: Host, Homeland, and Global Media in the Lives of Russian Immigrant Families in Israel and Germany". *Journal of Family Issues*, 32 (9), 1245–1274.

Fornäs, J., Ganetz, H., Becker, K., & Bjurstrom, E. (2007). *Consuming Media: Communication, Shopping and Everyday Life.* New York: Berg Publishers.

Georgiou, M. (2006). *Diaspora, Identity and the Media: Diasporic Transnationalism and Mediated Spatialities*, New York: Hampton Press.

Heller, A. (1995). "Where are we at home?" *Thesis Eleven*, 41 (1), 1–18.

Kendall, L. (2002). *"Hanging out in the Virtual Pub: Masculinities and Relationships Online".* California: University of California Press.

Lee, & Lee, J. (2014). "Diasporic Identity and Media Consumption among

李光鎬（イー　ゴアンホ）
1963年生。慶應義塾大学文学部教授。
1994年、慶應義塾大学大学院社会学研究科博士課程単位取得退学。博士（社会学）。専門はコミュニケーション学と社会心理学。主な著書に『現代社会心理学――心理・行動・社会』（共著、慶應義塾大学出版会、2004年）、『テレビニュースの世界像』（共著、勁草書房、2007年）、『テレビという記憶』（共著、新曜社、2013年）ほか。

慶應義塾大学三田哲学会叢書
「領土」としてのメディア
――ディアスポラの母国メディア利用

2016年 7 月25日　　初版第 1 刷発行

著者――――――李光鎬
発行――――――慶應義塾大学三田哲学会
〒108–8345　東京都港区三田2–15–45
http://mitatetsu.keio.ac.jp/
制作・発売所――慶應義塾大学出版会株式会社
〒108–8346　東京都港区三田2–19–30
TEL〔編集部〕03–3451–0931
〔営業部〕03–3451–3584〈ご注文〉
〃　03–3451–6926
FAX〔営業部〕03–3451–3122
振替　00190–8–155497
http://www.keio-up.co.jp/
装丁――――――耳塚有里
組版――――――株式会社キャップス
印刷・製本―――中央精版印刷株式会社
カバー印刷―――株式会社太平印刷社

©2016 E Gwangho
Printed in Japan　ISBN978–4–7664–2354–9

「慶應義塾大学三田哲学会叢書」の刊行にあたって

ars incognita

このたび三田哲学会では叢書の刊行を行います。本学会は、1910年、文学科主任川合貞一が中心となり哲学専攻において三田哲学会として発足しました。1858年に蘭学塾として開かれ、1868年に慶應義塾と命名された義塾は、1890年に大学部を設置し、文学、理財、法律の3科が生まれました。文学科には哲学専攻、史学専攻、文学専攻の3専攻がありました。三田哲学会はこの哲学専攻を中心にその関連諸科学の研究普及および相互理解をはかることを目的にしています。

その後、1925年、三田出身の哲学、倫理学、社会学、心理学、教育学などの広い意味での哲学思想に関心をもつ百数十名の教員・研究者が集まり、相互の学問の交流を通して三田における広義の哲学を一層発展させようと意図して現在の形の三田哲学会が結成されます。現在会員は慶應義塾大学文学部の7専攻（哲学、倫理学、美学美術史学、社会学、心理学、教育学、人間科学）の専任教員と学部学生、同大学院文学研究科の2専攻（哲学・倫理学、美学美術史学）の専任教員と大学院生、および本会の趣旨に賛同する者によって構成されています。

1926年に学会誌『哲学』を創刊し、以降『哲学』の刊行を軸とする学会活動を続けてきました。『哲学』は主に専門論文が掲載される場で、研究の深化や研究者間の相互理解には資するものです。しかし、三田哲学会創立100周年にあたり、会員の研究成果がより広範な社会に向けて平易な文章で発信される必要性が認められ、その目的にかなう媒体が求められることになります。そこで学会ホームページの充実とならんで、この叢書の発刊が企図されました。

多分野にわたる研究者を抱える三田哲学会は、その分、多方面に関心を広げる学生や一般読者に向けて、専門的な研究成果を生きられる知として伝えていかなければならないでしょう。私物化せず、死物化もせずに、知を公共の中に行き渡らせる媒体となることが、本叢書の目的です。

ars incognita　アルス インコグニタは、ラテン語ですが、「未知の技法」という意味です。慶應義塾の精神のひとつに「自我作古（我より古を作す）」、つまり、前人未踏の新しい分野に挑戦し、たとえ困難や試練が待ち受けていても、それに耐えて開拓に当たるという、勇気と使命感を表した言葉があります。未だ知られることのない知の用法、単なる知識の獲得ではなく、新たな生の技法（ars vivendi）としての知を作り出すという本叢書の精神が、慶應義塾の精神と相まって、表現されていると考えていただければ幸いです。

慶應義塾大学三田哲学会

慶應義塾大学三田哲学会叢書 ars incognita

モデル構成から家族社会学へ

渡辺秀樹著　現代社会における家族の所相やその変容を扱う「家族社会学」。その第一人者である著者の研究成果を収録し、海外の研究者たちとの出会いやその影響など、公表されていなかった裏側も述懐される一冊。　◎700円

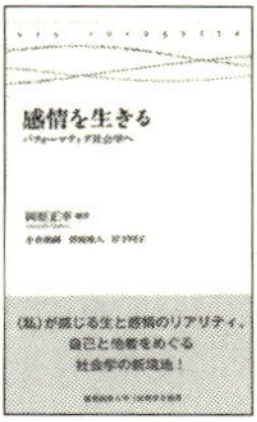

感情を生きる
――パフォーマティブ社会学へ

井上逸兵著　関係性の違和感や社会的居場所のなさから生まれる様々な「感情」を、どのようにして客体化していけばよいのか。現代の「生」の根源を探求する、生と感情の社会学。　◎700円

何が進学格差を作るのか
――社会階層研究の立場から

鹿又伸夫著　世代的に繰り返される学歴再生産は階級が作り出すのか。文化資本論、相対的リスク回避説、トラッキング説、地位達成モデルなど、ライバル説を比較する。　◎700円

表示価格は刊行時の本体価格（税別）です。

慶應義塾大学三田哲学会叢書 ars incognita

小さな倫理学入門

山内 志朗著　愛とは何か、正義とは何か、欲望とは何か、偶然性とは何か、人生に意味はあるのか、そして〈私〉とは何か。身近な物事を通して、人間の弱さや卑しさに眼差しをむける、倫理学の入門書。

◎700 円

伊藤仁斎の思想世界
——仁斎学における「天人合一」の論理

山本正身著 「人と天地との一体化」とは何か。儒学の「天人合一」説を独自の立論を通して再定義した伊藤仁斎の思想に焦点を当て、その思想的意義を問い直す。仁斎学の思想体系を平易明白に解説した入門書。

◎700 円

表示価格は刊行時の本体価格（税別）です。